最新法律文件解读丛书

商事
法律文件解读

SHANGSHI FALÜ WENJIAN JIEDU

人民法院出版社 编

总第 240 辑　2024.12

人民法院出版社

图书在版编目（CIP）数据

商事法律文件解读. 总第240辑 / 人民法院出版社编.
北京 : 人民法院出版社, 2025. 1. -- (最新法律文件解读丛书). -- ISBN 978-7-5109-4401-7

Ⅰ. D923.995

中国国家版本馆CIP数据核字第2025ND0787号

商事法律文件解读·总第240辑

人民法院出版社　编

责任编辑　路建华
出版发行　人民法院出版社
地　　址　北京市东城区东交民巷27号　邮编　100745
电　　话　(010)67550682(责任编辑)　67550558(发行部查询)
　　　　　　65223677(读者服务部)
客服QQ　2092078039
网　　址　http://www.courtbook.com.cn
E-mail　courtbook@sina.com
印　　刷　三河市国英印务有限公司
经　　销　新华书店
开　　本　787毫米×1092毫米　1/16
字　　数　115千字
印　　张　8
版　　次　2025年1月第1版　　2025年1月第1次印刷
书　　号　ISBN 978-7-5109-4401-7
定　　价　28.00元

卷首语

为了健全有利于高质量发展的增值税制度，规范增值税的征收和缴纳，保护纳税人的合法权益，第十四届全国人民代表大会常务委员会第十三次会议于 2024 年 12 月 25 日通过了《中华人民共和国增值税法》。本辑收录了该法和《全国人民代表大会宪法和法律委员会关于〈中华人民共和国增值税法（草案三次审议稿）〉修改意见的报告》《全国人民代表大会宪法和法律委员会关于〈中华人民共和国增值税法（草案）〉审议结果的报告》。

近年来，随着平台经济飞速发展，各种违法行为从线下向线上延伸。在工作实践中，基层市场监管部门在开展执法协查工作时，个别平台企业存在反馈速度慢、反馈质量不高、对执法协查工作配合不到位等情况，影响执法办案效能。因此，市场监管总局于 2024 年 12 月 18 日印发《网络交易执法协查暂行办法》（以下简称《办法》），明确了执法协查适用范围、执法协查主体、执法协查内容和执法协查对象。本辑重点收录了《办法》及其解读文章。

在“新类型疑难案例选评”栏目，本辑收录了《上海回力鞋业有限公司诉王某宇侵害商标权及不正当竞争纠纷案》一文。该案的裁判表明：销售正品商品时，因系商标权权利用尽而不构成商标侵权，但在正品商品上通过添附图案、虚构品牌联名或者攀附字号等方式提升营销数据时，则可能引发消费者混淆、误认，因而构成侵权。添附的图案足以引起商品标识的修改、毁损的，构成商标侵权，而通过编造虚假事实引发消费者混淆、误认的，构成不正当竞争。该案的裁判思路可供法官审理类似案件时参考。

最新法律文件解读丛书

编 辑 部

兰丽专 (010) 67550626

丁丽娜 (010) 67550608

周 敏 (010) 67550562

杨 洁 (010) 67550656

路建华 (010) 67550682

丁寒峨 (010) 67550656

投稿邮箱：

《刑事法律文件解读》 xingshijiedu@163.com

《民事法律文件解读》 1216921515@qq.com

《商事法律文件解读》 shangshijiedu@126.com

《行政与执行法律文件解读》 1290312696@qq.com

目录

法律、法律性文件与解读

部门规章、规章性文件与解读

地方性法规、地方政府规章与解读

指导案例、典型案例与解读

法答网精选答问

新类型疑难案例选评

法律、法律性文件与解读

中华人民共和国增值税法

（2024年12月25日第十四届全国人民代表大会常务委员会第十三次会议通过
2024年12月25日中华人民共和国主席令第四十一号公布
自2026年1月1日起施行）

目　录

第一章　总　　则

第一条　为了健全有利于高质量发展的增值税制度，规范增值税的征收和缴纳，保护纳税人的合法权益，制定本法。

第二条　增值税税收工作应当贯彻落实党和国家路线方针政策、决策部署，为国民经济和社会发展服务。

第三条 在中华人民共和国境内（以下简称境内）销售货物、服务、无形资产、不动产（以下称应税交易），以及进口货物的单位和个人（包括个体工商户），为增值税的纳税人，应当依照本法规定缴纳增值税。

销售货物、服务、无形资产、不动产，是指有偿转让货物、不动产的所有权，有偿提供服务，有偿转让无形资产的所有权或者使用权。

第四条 在境内发生应税交易，是指下列情形：

（一）销售货物的，货物的起运地或者所在地在境内；

（二）销售或者租赁不动产、转让自然资源使用权的，不动产、自然资源所在地在境内；

（三）销售金融商品的，金融商品在境内发行，或者销售方为境内单位和个人；

（四）除本条第二项、第三项规定外，销售服务、无形资产的，服务、无形资产在境内消费，或者销售方为境内单位和个人。

第五条 有下列情形之一的，视同应税交易，应当依照本法规定缴纳增值税：

（一）单位和个体工商户将自产或者委托加工的货物用于集体福利或者个人消费；

（二）单位和个体工商户无偿转让货物；

（三）单位和个人无偿转让无形资产、不动产或者金融商品。

第六条 有下列情形之一的，不属于应税交易，不征收增值税：

（一）员工为受雇单位或者雇主提供取得工资、薪金的服务；

（二）收取行政事业性收费、政府性基金；

（三）依照法律规定被征收、征用而取得补偿；

（四）取得存款利息收入。

第七条 增值税为价外税，应税交易的销售额不包括增值税税额。增值税税额，应当按照国务院的规定在交易凭证上单独列明。

第八条 纳税人发生应税交易，应当按照一般计税方法，通过销项税额抵扣进项税额计算应纳税额的方式，计算缴纳增值税；本法另有规定的除外。

小规模纳税人可以按照销售额和征收率计算应纳税额的简易计税方法，计算缴纳增值税。

中外合作开采海洋石油、天然气增值税的计税方法等，按照国务院的有关规定执行。

第九条 本法所称小规模纳税人，是指年应征增值税销售额未超过五百万元的纳税人。

小规模纳税人会计核算健全，能够提供准确税务资料的，可以向主管税务机关办理登记，按照本法规定的一般计税方法计算缴纳增值税。

根据国民经济和社会发展的需要，国务院可以对小规模纳税人的标准作出调整，报全国人民代表大会常务委员会备案。

第二章 税　　率

第十条 增值税税率：

（一）纳税人销售货物、加工修理修配服务、有形动产租赁服务，进口货物，除本条第二项、第四项、第五项规定外，税率为百分之十三。

（二）纳税人销售交通运输、邮政、基础电信、建筑、不动产租赁服务，销售不动产，转让土地使用权，销售或者进口下列货物，除本条第四项、第五项规定外，税率为百分之九：

1. 农产品、食用植物油、食用盐；

2. 自来水、暖气、冷气、热水、煤气、石油液化气、天然气、二甲醚、沼气、居民用煤炭制品；

3. 图书、报纸、杂志、音像制品、电子出版物；

4. 饲料、化肥、农药、农机、农膜。

(三) 纳税人销售服务、无形资产，除本条第一项、第二项、第五项规定外，税率为百分之六。

(四) 纳税人出口货物，税率为零；国务院另有规定的除外。

(五) 境内单位和个人跨境销售国务院规定范围内的服务、无形资产，税率为零。

第十一条 适用简易计税方法计算缴纳增值税的征收率为百分之三。

第十二条 纳税人发生两项以上应税交易涉及不同税率、征收率的，应当分别核算适用不同税率、征收率的销售额；未分别核算的，从高适用税率。

第十三条 纳税人发生一项应税交易涉及两个以上税率、征收率的，按照应税交易的主要业务适用税率、征收率。

第三章 应纳税额

第十四条 按照一般计税方法计算缴纳增值税的，应纳税额为当期销项税额抵扣当期进项税额后的余额。

按照简易计税方法计算缴纳增值税的，应纳税额为当期销售额乘以征收率。

进口货物，按照本法规定的组成计税价格乘以适用税率计算缴纳增值税。组成计税价格，为关税计税价格加上关税和消费税；国务院另有规定的，从其规定。

第十五条 境外单位和个人在境内发生应税交易，以购买方为扣缴义务人；按照国务院的规定委托境内代理人申报缴纳税款的除外。

扣缴义务人依照本法规定代扣代缴税款的，按照销售额乘以税率计算应扣缴税额。

第十六条 销项税额，是指纳税人发生应税交易，按照销售额乘以本法规定的税率计算的增值税税额。

进项税额，是指纳税人购进货物、服务、无形资产、不动产支付或者负担的增值税税额。

纳税人应当凭法律、行政法规或者国务院规定的增值税扣税凭证从销项税额中抵扣进项税额。

第十七条 销售额，是指纳税人发生应税交易取得的与之相关的价款，包括货币和非货币形式的经济利益对应的全部价款，不包括按照一般计税方法计算的销项税额和按照简易计税方法计算的应纳税额。

第十八条 销售额以人民币计算。纳税人以人民币以外的货币结算销售额的，应当折合成人民币计算。

第十九条 发生本法第五条规定的视同应税交易以及销售额为非货币形式的，纳税人应当按照市场价格确定销售额。

第二十条 销售额明显偏低或者偏高且无正当理由的，税务机关可以依照《中华人民共和国税收征收管理法》和有关行政法规的规定核定销售额。

第二十一条 当期进项税额大于当期销项税额的部分，纳税人可以按照国务院的规定选择结转下期继续抵扣或者申请退还。

第二十二条 纳税人的下列进项税额不得从其销项税额中抵扣：

（一）适用简易计税方法计税项目对应的进项税额；

（二）免征增值税项目对应的进项税额；

（三）非正常损失项目对应的进项税额；

（四）购进并用于集体福利或者个人消费的货物、服务、无形资产、不动产对应的进项税额；

（五）购进并直接用于消费的餐饮服务、居民日常服务和娱乐服务对应的进项税额；

（六）国务院规定的其他进项税额。

第四章　税收优惠

第二十三条　小规模纳税人发生应税交易，销售额未达到起征点的，免征增值税；达到起征点的，依照本法规定全额计算缴纳增值税。

前款规定的起征点标准由国务院规定，报全国人民代表大会常务委员会备案。

第二十四条　下列项目免征增值税：

（一）农业生产者销售的自产农产品，农业机耕、排灌、病虫害防治、植物保护、农牧保险以及相关技术培训业务，家禽、牲畜、水生动物的配种和疾病防治；

（二）医疗机构提供的医疗服务；

（三）古旧图书，自然人销售的自己使用过的物品；

（四）直接用于科学研究、科学试验和教学的进口仪器、设备；

（五）外国政府、国际组织无偿援助的进口物资和设备；

（六）由残疾人的组织直接进口供残疾人专用的物品，残疾人个人提供的服务；

（七）托儿所、幼儿园、养老机构、残疾人服务机构提供的育养服务，婚姻介绍服务，殡葬服务；

（八）学校提供的学历教育服务，学生勤工俭学提供的服务；

（九）纪念馆、博物馆、文化馆、文物保护单位管理机构、美术馆、展览馆、书画院、图书馆举办文化活动的门票收入，宗教场所举办文化、宗教活动的门票收入。

前款规定的免税项目具体标准由国务院规定。

第二十五条 根据国民经济和社会发展的需要，国务院对支持小微企业发展、扶持重点产业、鼓励创新创业就业、公益事业捐赠等情形可以制定增值税专项优惠政策，报全国人民代表大会常务委员会备案。

国务院应当对增值税优惠政策适时开展评估、调整。

第二十六条 纳税人兼营增值税优惠项目的，应当单独核算增值税优惠项目的销售额；未单独核算的项目，不得享受税收优惠。

第二十七条 纳税人可以放弃增值税优惠；放弃优惠的，在三十六个月内不得享受该项税收优惠，小规模纳税人除外。

第五章　征收管理

第二十八条 增值税纳税义务发生时间，按照下列规定确定：

（一）发生应税交易，纳税义务发生时间为收讫销售款项或者取得销售款项索取凭据的当日；先开具发票的，为开具发票的当日。

（二）发生视同应税交易，纳税义务发生时间为完成视同应税交易的当日。

（三）进口货物，纳税义务发生时间为货物报关进口的当日。

增值税扣缴义务发生时间为纳税人增值税纳税义务发生的当日。

第二十九条 增值税纳税地点，按照下列规定确定：

（一）有固定生产经营场所的纳税人，应当向其机构所在地或者居住地主管税务机关申报纳税。总机构和分支机构不在同一县（市）的，应当分别向各自所在地的主管税务机关申报纳税；经省级以上财政、税务主管部门批准，可以由总机构汇总向总机构所在地的主管税务机关申报纳税。

（二）无固定生产经营场所的纳税人，应当向其应税交易发生地主管税务机关申报纳税；未申报纳税的，由其机构所在地或者居住地主管税务机关补征税款。

（三）自然人销售或者租赁不动产，转让自然资源使用权，提供建筑服务，应当向不动产所在地、自然资源所在地、建筑服务发生地主管税务机关申报纳税。

（四）进口货物的纳税人，应当按照海关规定的地点申报纳税。

（五）扣缴义务人，应当向其机构所在地或者居住地主管税务机关申报缴纳扣缴的税款；机构所在地或者居住地在境外的，应当向应税交易发生地主管税务机关申报缴纳扣缴的税款。

第三十条　增值税的计税期间分别为十日、十五日、一个月或者一个季度。纳税人的具体计税期间，由主管税务机关根据纳税人应纳税额的大小分别核定。不经常发生应税交易的纳税人，可以按次纳税。

纳税人以一个月或者一个季度为一个计税期间的，自期满之日起十五日内申报纳税；以十日或者十五日为一个计税期间的，自次月一日起十五日内申报纳税。

扣缴义务人解缴税款的计税期间和申报纳税期限，依照前两款规定执行。

纳税人进口货物，应当按照海关规定的期限申报并缴纳税款。

第三十一条　纳税人以十日或者十五日为一个计税期间的，应当自期满之日起五日内预缴税款。

法律、行政法规对纳税人预缴税款另有规定的，从其规定。

第三十二条　增值税由税务机关征收，进口货物的增值税由海关代征。

海关应当将代征增值税和货物出口报关的信息提供给税务机关。

个人携带或者寄递进境物品增值税的计征办法由国务院制定，报全国人民代表大会常务委员会备案。

第三十三条　纳税人出口货物或者跨境销售服务、无形资产，适用零税率的，应当向主管税务机关申报办理退（免）税。出口退（免）税的具体办法，由国务院制定。

第三十四条　纳税人应当依法开具和使用增值税发票。增值税发票包括纸质发票和电子发票。电子发票与纸质发票具有同等法律效力。

国家积极推广使用电子发票。

第三十五条　税务机关与工业和信息化、公安、海关、市场监督管理、人民银行、金融监督管理等部门建立增值税涉税信息共享机制和工作配合机制。

有关部门应当依照法律、行政法规，在各自职责范围内，支持、协助税务机关开展增值税征收管理。

第三十六条　增值税的征收管理依照本法和《中华人民共和国税收征收管理法》的规定执行。

第三十七条　纳税人、扣缴义务人、税务机关及其工作人员违反本法规定的，依照《中华人民共和国税收征收管理法》和有关法律、行政法规的规定追究法律责任。

第六章　附　　则

第三十八条　本法自 2026 年 1 月 1 日起施行。《中华人民共和国增值税暂行条例》同时废止。

全国人民代表大会宪法和法律委员会

关于《中华人民共和国增值税法（草案三次审议稿）》修改意见的报告

（2024 年 12 月 24 日）

全国人民代表大会常务委员会：

本次常委会会议于 12 月 21 日下午对增值税法草案三次审议稿进行了分组审议。普遍认为，草案已经比较成熟，建议进一步修改后，提请本次常委会会议表决通过。同时，有些常委会组成人员和列席人员还提出了一些修改意见和建议。宪法和法律委员会于 12 月 22 日下午召开会议，逐条研究了常委会组成人员和列席人员的审议意见，对草案进行统一审议。财政经济委员会、预算工作委员会、司法部、财政部、国家税务总局有关负责同志列席了会议。宪法和法律委员会认为，草案是可行的，同时，提出以下修改意见。

一、有的常委委员建议增加一条，对本法的立法目的作出规定。宪法和法律委员会经研究，建议增加一条，作为第一条，规定：为了健全有利于高质量发展的增值税制度，规范增值税的征收和缴纳，保护纳税人的合法权益，制定本法；同时，对草案三次审议稿第一条、第二条的顺序予以调整。

二、有的常委委员提出，境外单位和个人在境内发生应税交易的，可以委托其境内代理人申报纳税，建议予以明确。宪法和法律委员会经研究，建议采纳这一意见。

三、有的常委委员提出，草案授权国务院规定增值税起征点，应当报全国人大常委会备案。宪法和法律委员会经研究，建议采纳这一意见。

四、有的常委委员建议，在国务院制定专项优惠政策的情形中增加“公益事业捐赠”。宪法和法律委员会经研究，建议采纳这一意见。

五、有的常委会组成人员建议，根据党的二十届三中全会有关改革部署，在草案中增加清理规范增值税优惠政策的内容。宪法和法律委员会经研究，建议增加规定：国务院应当对增值税优惠政策适时开展评估、调整。

一些常委会组成人员还对做好本法实施工作、进一步深化增值税改革等提出了很好的意见建议。宪法和法律委员会研究认为，党的二十届三中全会对优化税制结构、规范税收优惠政策、完善增值税留抵退税政策和抵扣链条等作出部署。国务院有关部门要抓紧制定本法配套规定，清理规范增值税优惠政策，加强法律的宣传解读，保证本法有效实施；同时，要按照党中央关于全面落实税收法定原则，健全有利于高质量发展、社会公平、市场统一的税收制度的要求，研究推进进一步深化增值税改革，涉及修改法律的，及时提出相关建议。

经与有关部门研究，建议将本法的施行时间确定为 2026 年 1 月 1 日。

此外，根据常委会组成人员的审议意见，还对草案三次审议稿作了一些文字修改。

草案修改稿已按上述意见作了修改，宪法和法律委员会建议提请本次常委会会议审议通过。

草案修改稿和以上报告是否妥当，请审议。

全国人民代表大会宪法和法律委员会

关于《中华人民共和国增值税法（草案）》审议结果的报告

（2024 年 12 月 21 日）

全国人民代表大会常务委员会：

常委会第五次会议对增值税法草案进行了二次审议。会后，法制工作委员会在中国人大网全文公布草案二次审议稿，征求社会公众意见。宪法和法律委员会、法制工作委员会到广东调研，听取有关部门、企业等方面的意见。贯彻落实党的二十届三中全会决定关于“全面落实税收法定原则，规范税收优惠政策”等决策部署，国务院方面对增值税的税制要素、全面清理规范增值税优惠政策等问题进行了研究，对进一步完善增值税法草案提出了相关建议。宪法和法律委员会、法制工作委员会就草案有关问题同有关方面交换意见，共同研究。宪法和法律委员会于 11 月 25 日召开会议，根据常委会组成人员的审议意见和各方面的意见，对草案进行了逐条审议。财政经济委员会、预算工作委员会、司法部、财政部、国家税务总局有关负责同志列席了会议。12 月 16 日，宪法和法律委员会召开会议，再次进行了审议。宪法和法律委员会认为，草案经过两次审议修改，已经比较成熟。同时，提出以下主要修改意见。

一、有的常委委员建议，按照党的二十届三中全会决定关于“全面落实税收法定原则，规范税收优惠政策”的要求，进一步减少草案中的立法授权条款，完善税收优惠规定。宪法和法律委员会经同有关方面研究，建议删去草案二次审议稿中关于授权国务院规定视同应税交易的兜底情形、按照简易方法计税的特殊情形、按照差额计算销售额的特殊情形、放弃增值税优惠后不得享受该项优惠的期限、纳税人进行汇总纳税的审批机关等内容，改由在法律中直接作出规定，或者经清理规范后纳入税收优惠范围；同时删去个别免税项目。

二、有的意见提出，1993 年全国人大常委会通过关于外商投资企业和外国企业适用增值税、消费税、营业税等税收暂行条例的决定，国务院据此对中外合作开采海洋石油、天然气增值税的计税方法等作了特别规定，建议做好衔接。宪法和法律委员会经研究，建议增加规定：中外合作开采海洋石油、天然气增值税的计税方法等，按照国务院的有关规定执行。

三、有的部门提出，实践中进口货物增值税由海关代征，与关税一并缴纳，建议做好与关税法有关规定的衔接。宪法和法律委员会经研究，建议对进口货物增值税纳税义务发生时间、税款申报缴纳期限的规定作进一步完善。

四、草案二次审议稿第三十一条第三款规定，个人携带或者寄递进境物品增值税的计征办法由国务院制定。根据有关方面的意见，宪法和法律委员会经研究，建议增加报全国人大常委会备案的规定。

此外，还对草案二次审议稿作了一些文字修改。

草案三次审议稿已按上述意见作了修改，宪法和法律委员会建议提请本次常委会会议审议通过。

草案三次审议稿和以上报告是否妥当，请审议。

部门规章、规章性文件与解读

市场监管总局

关于印发《网络交易执法协查暂行办法》的通知

2024年12月18日　　国市监网监发〔2024〕115号

各省、自治区、直辖市和新疆生产建设兵团市场监管局（厅、委）：

《网络交易执法协查暂行办法》已经2024年12月2日市场监管总局第29次局务会议通过。现印发给你们，请结合实际认真贯彻落实。

网络交易执法协查暂行办法

第一条　为了规范市场监督管理部门网络交易执法协查工作，提高执法协查质量和效率，保护数据安全和个人信息安全，根据《中华人民共和国电子商务法》《中华人民共和国数据安全法》《网络交易监督管理办法》《市场监督管理行政处罚程序规定》等法律法规规章的规定，制定本办法。

第二条　本办法所称的执法协查，是指市场监督管理部门开展案件调查、事故处置、缺陷消费品召回、消费争议处理等执法活动时，依法要求网络交易平台经营者（以下简称平台经营者）提供有关平台内经营者信息及相关交易信息，对协查事项进行核实确认并回复结果，协助市场监督管理部门开展执法工作的行为或活动。

第三条 市场监督管理部门开展网络交易执法协查工作，应当遵循合法、合理、高效原则，向平台经营者调取的信息应当遵循“必要且适当”原则，不得超出履行法定职责所必需的范围和限度。

第四条 市场监督管理部门及其工作人员、平台经营者及其参与协查的工作人员，应当对知悉的个人隐私、个人信息、商业秘密、保密商务信息、案情等信息依法予以保密，不得泄露或者非法向他人提供。

第五条 县级以上市场监督管理部门在执法过程中，根据工作需要，可以依法要求平台经营者协助调查。

涉及特定时段、特定品类、特定区域的商品或者服务的价格、销量、销售额等数据信息，由国家市场监督管理总局及其授权的省级市场监督管理部门要求平台经营者协助提供。

第六条 市场监督管理部门可以根据法律法规规定，要求平台经营者提供平台内经营者身份信息，商品或者服务信息，支付记录、物流快递、退换货以及售后等交易信息。平台经营者应当按照标准化字段提供执法协查信息。

市场监督管理部门因案件办理需要，需要平台经营者依法提供标准化字段以外特殊信息的，应当报省级市场监督管理部门同意。

第七条 市场监督管理部门向平台经营者发送限期提供信息通知书，要求其依法协助调查，应当经本部门负责人批准，并加盖市场监督管理部门公章。

限期提供信息通知书应当包含通知书文号（编号）、市场监督管理部门单位名称、平台经营者名称、依据的法律法规、协查原因、协查内容、回复期限以及其他相关材料，并注明联系人、联系方式。

市场监督管理部门调取标准化字段以外的特殊信息的，应当在限期提供信息通知书中注明信息调取原因，并附省级市场监督管理部门同意意见等相关证明材料。

第八条 市场监督管理部门可以通过信息化系统或邮寄、传真、电子邮件等能够确认平台经营者接收的方式，发送限期提供信息通知书。条件具备的，应当通过信息化系统发送。

通过电子方式送达的，应当经平台经营者同意并确认电子送达地址。向平台经营者主动提供的电子地址送达的，视为平台经营者已同意并确认。

第九条 市场监督管理部门可以根据工作需要，将限期提供信息通知书同时抄送（报）平台经营者住所地市场监督管理部门。

第十条 上级市场监督管理部门对下级市场监督管理部门开展的执法协查工作，应当加强指导和监督。

平台经营者住所地市场监督管理部门对平台内经营者实际经营地市场监督管理部门的执法协查工作，应当积极配合。

第十一条 平台经营者应当在收到市场监督管理部门限期提供信息通知书之日起，十五个工作日内完成协查工作并复函。

如协查事项较复杂需延期完成的，平台经营者应当在期限届满前告知提出协查要求的市场监督管理部门，并说明延期理由、延期期限。延期期限最长不得超过十五个工作日。

紧急情况需要加急办理的，市场监督管理部门可以与平台经营者先行沟通情况，后履行相应程序。必要时，可以请求平台经营者住所地市场监督管理部门协助。

第十二条 平台经营者执法协查回函，应当包含市场监督管理部门单位名称、平台经营者名称、通知书文号（编号）、回复内容以及其他相关材料，并注明联系人、联系方式。

平台经营者应当对协查事项逐项说明。能够确认的事项，应当有明确的答复意见；不能确认的事项，或者无法协查的内容，应当说明具体原因。

平台经营者执法协查回函应当加盖公章。以电子数据形式提供的应当加盖电子印章（数字签名）。

第十三条 平台经营者应当通过适当方式明示其接收协查的相应方式的具体信息，并确保接收信息的渠道畅通。

鼓励平台经营者通过国家网络交易监管平台、全国12315平台以及现有智能协作平台等方式，高效便捷协助市场监督管理部门开展执法协查工作，提高数据交互效率和质量。

第十四条 为经营者提供网络经营场所、商品浏览、订单生成、在线支付等网络交易平台服务的网络服务提供者，应当依法履行平台经营者的执法协查义务。

为网络交易经营者提供宣传推广、支付结算、物流快递、网络接入、服务器托管、虚拟主机、云服务、网站网页设计制作等服务的经营者，应当及时协助市场监督管理部门依法查处网络交易违法行为，提供其掌握的有关数据信息。法律、行政法规另有规定的，依照其规定。

第十五条 平台经营者对市场监督管理部门依法开展的执法协查工作，拒绝提供有关材料、信息，或者提供虚假材料、信息，或者有其他拒绝、阻碍监管执法行为的，依照《网络交易监督管理办法》第五十三条的规定进行处罚。

第十六条 市场监督管理部门的工作人员，玩忽职守、滥用职权、徇私舞弊，或者泄露、出售或者非法向他人提供在履行职责中所知悉的个人信息、隐私和商业秘密的，依法追究法律责任。

第十七条 本办法由国家市场监督管理总局负责解释。

第十八条 本办法自2025年1月20日起施行。

附件（略——编者注）：

1. 限期提供信息通知书

2. 执法协查回函

3. 网络交易平台执法协查信息标准化字段

4. 其他服务提供者执法协查信息标准化字段

解读《网络交易执法协查暂行办法》*

市场监管总局网络交易监督管理司相关负责人

2024 年 12 月 18 日，市场监管总局印发《网络交易执法协查暂行办法》（以下简称《办法》），进一步贯彻落实党中央、国务院提升平台经济常态化监管水平的决策部署，完善网络交易执法协查机制，促进平台经济健康发展。市场监管总局网络交易监督管理司相关负责人就涉及《办法》的相关问题进行了解读。

一、《办法》出台的背景和目的

近年来，随着平台经济飞速发展，各种违法行为从线下向线上延伸。电子商务法规定，有关主管部门依照法律法规的规定要求电子商务经营者提供电子商务数据信息的，电子商务经营者应当提供。市场监管总局公布的《网络交易监督管理办法》规定，市场监管部门在依法开展执法活动时，可以要求平台经营者提供有关的平台内经营者身份信息，商品或者服务信息，支付记录、物流快递、退换货以及售后等交易信息。

* 编者根据《市场监管总局网络交易监督管理司相关负责人就〈网络交易执法协查暂行办法〉答记者问》（载市场监管总局网站）整理。

在工作实践中，基层市场监管部门在开展执法协查工作时，个别平台企业存在反馈速度慢、反馈质量不高、对执法协查工作配合不到位等情况，影响执法办案效能。此外，个别地区市场监管部门也存在执法协查程序不规范等问题。社会各界对此反映强烈，希望尽快出台规范网络交易执法协查的制度规范。

《办法》的出台，旨在落实落细电子商务法和《网络交易监督管理办法》等法律法规中的执法协查要求，建立健全网络交易执法协查机制，加强市场监管部门与平台企业的协同联动，提升平台经济常态化监管效能，维护广大消费者和经营者合法权益，促进平台经济健康发展。

二、制定《办法》的总体思路

《办法》旨在进一步营造稳定透明可预期的政策环境，规范监管部门和平台企业双方的权利义务，有效平衡各方诉求，解决当前网络交易执法协查面临的难点痛点问题。

一是坚持问题导向，注重实效。聚焦目前执法协查中个别平台企业反馈速度慢、反馈质量不高、协查效率低等难点问题，逐一进行有针对性的规范，明确方法路径，打通工作堵点，破解工作难题，推动解决网络交易执法协查方面存在的问题。

二是突出重点，多方兼顾。以网络交易平台为重点，围绕平台内经营者身份信息、商品或服务信息、交易信息、直播信息等重点方面，规范协查程序和内容。同时，兼顾小程序、公众号等新业态，明确其他服务提供者应履行的协查义务。

三是加强指导，压实责任。加强对平台的日常监管和行政指导，对协查内容和程序作出明确规定，督促平台企业落实执法协查的法定义务，引导平台企业积极履行主体责任，协助市场监督管理部门开展执法工作。

四是统筹协调，共治共享。坚持原则性和灵活性相统一，聚合监管部门、平台企业、其他服务提供者、平台内经营者、消费者等多方主体，规范监管部门和平台企业双方的权利义务，形成共治合力，提升监管精准性和有效性。

三、《办法》的主要内容

《办法》共 18 条，包括正文和附件两部分，主要包含以下四方面内容。

一是进一步明确了执法协查适用范围。明确适用范围为市场监管部门开展执法活动时，要求平台经营者提供有关平台内经营者信息及相关交易信息，对协查事项进行核实确认并回复结果，协助开展执法工作的行为或活动。

二是进一步规范了执法协查主体。明确县级以上市场监管部门可以依法要求平台经营者协助调查。涉及特定时段、特定品类、特定区域的商品或服务信息，由市场监管总局及其授权的省级市场监管部门要求平台经营者协助提供。

三是进一步明确了执法协查内容。明确市场监管部门可以依法依规，要求平台经营者提供平台内经营者身份信息、商品或者服务信息，支付记录、物流快递、退换货以及售后等交易信息。为规范基层市场监管部门行为，加强数据安全管理，规定因案件办理需要，确需平台依法提供标准化字段以外特殊信息的，应当报省级市场监督管理部门同意。

四是进一步厘清了执法协查对象。《办法》规定了三类执法协查的经营主体：首先为网络交易平台经营者；其次为经营者提供网络经营场所、商品浏览、在线支付等网络交易平台服务的网络服务提供者；最后为网络交易经营者提供宣传推广、支付结算、物流快递等服务的经营者。

四、对下一步落实《办法》的打算

下一步，市场监管总局将以《办法》出台为契机，加大政策宣传力度，指导地方市场监管部门做好《办法》的学习培训和执行落实，打通网络交易执法协查工作中的堵点，进一步提升执法协查质量和效率。加强对平台企业的行政指导，帮助平台企业全面准确理解《办法》相关内容，及时解答平台企业在履行执法协查义务过程中遇到的问题。大力推动执法协查工作信息化建设，形成政企治理合力，共同构建平台经济良好生态。

国家金融监督管理总局

关于印发消费金融公司监管评级办法的通知

2024 年 12 月 9 日　　　　　　　　　　金规〔2024〕20 号

各金融监管局：

现将《消费金融公司监管评级办法》印发给你们，请遵照执行。

消费金融公司监管评级办法

第一章　总　　则

第一条　为全面评估消费金融公司的经营管理和风险状况，合理配置监管资源，有效实施分类监管，促进消费金融公司稳健经营和规范发展，根据《中华人民共和国银行业监督管理法》和《消费金融公司管理办法》（国家金融监督管理总局令 2024 年第 4 号）等有关法律、部门规章的规定，制定本办法。

第二条 本办法适用于在中华人民共和国境内依法设立的开业满一个完整会计年度以上的消费金融公司法人机构的监管评级，监管部门可以依据本办法对当年新设立的消费金融公司进行试评级。

第三条 消费金融公司监管评级是指监管部门根据日常监管掌握的情况以及其他相关信息，按照本办法对消费金融公司的整体状况作出评价判断的监管过程，是实施分类监管的基础。

分类监管是指监管部门根据消费金融公司监管评级结果，参考消费金融公司季度风险分级等情况，对不同评级级别的消费金融公司在市场准入、监管措施以及监管资源配置等方面实施有所区别的监管政策。

第四条 消费金融公司的监管评级工作由国家金融监督管理总局及各级派出机构按照依法合规、客观公正、全面审慎的原则组织实施。

第二章 评级要素

第五条 消费金融公司监管评级要素包括公司治理、资本管理、风险管理、合作机构管理、专业服务质量、消费者权益保护、信息科技管理等七个部分，评级指标由定量和定性两类组成。

第六条 消费金融公司监管评级结果的满分为 100 分，各部分的分值权重分别为公司治理（15%）、资本管理（15%）、风险管理（25%）、合作机构管理（10%）、专业服务质量（10%）、消费者权益保护（15%）、信息科技管理（10%）。每一项评级要素满分均为 100 分，评级要素得分由监管人员按照评分标准评估后结合专业判断确定，评级综合得分按照各评级要素权重汇总形成。在评级综合得分的基础上，根据评级调整事项对评级级次进行调整，形成监管评级结果。

第三章 组织实施

第七条 消费金融公司的监管评级周期为一年，评价期间为上一年1月1日至12月31日。监管评级工作原则上应当于每年4月底前完成。

第八条 消费金融公司监管评级按照初评、复评、审核、反馈监管评级结果等环节进行。

第九条 国家金融监督管理总局根据消费金融公司风险特征和监管重点，可以于每年开展监管评级工作前对相关评级指标和评价要点进行适当调整。

第十条 国家金融监督管理总局及各级派出机构应当持续、全面、深入收集与消费金融公司评级相关的内外部信息，充分反映消费金融公司的公司治理、风险管理、业务经营等情况。相关信息包括但不限于：市场准入、非现场监管、行政处罚信息，现场检查报告，公司治理、数据治理、案件管理、防范非法金融活动等专项监管信息，消费金融公司有关经营管理文件、审计报告、信访和违法违规举报信息及其他重要内外部信息等。

第十一条 国家金融监督管理总局各级派出机构根据日常监管掌握情况，对消费金融公司进行监管评级初评和复评。初评由各级派出机构负责组织实施，对每一项评级指标的分析判断应当理由充分、分析深入、判断合理。复评由直接监管消费金融公司的金融监管局组织实施。初评与复评应当遵循评级尺度统一、客观准确和公平公正等原则，复评结果对初评结果有调整的，应当说明调整理由。

第十二条 国家金融监督管理总局对监管评级复评结果进行审核，确定参评消费金融公司的监管评级最终结果，并将监管评级最终结果反馈各金融监管局。

第十三条 国家金融监督管理总局各级派出机构应当将消费金融公司的监管评级最终结果以及存在的主要风险和问题，通过监管会谈、审慎监管会议、监管意见书等方式向消费金融公司通报，并在通报中提出相应整改要求。

消费金融公司在收到监管部门的评级结果通报后，应当及时将有关情况通报消费金融公司董事会、监事会（监事）和高级管理层，并通报消费金融公司主要股东，通报内容包括但不限于：评级结果、监管部门反馈的主要问题、整改要求等。消费金融公司应当严格限定评级结果使用用途，不得用于广告、宣传、营销等商业目的。

第十四条 消费金融公司应当确保其提供的数据及其他资料真实、准确、完整，如存在隐瞒重大事项或者报送、提供的信息和资料有虚假记载、误导性陈述或重大遗漏的，视情节轻重下调其监管评级，情节严重的可以依照相关规定采取审慎监管措施。

第四章 评级结果与运用

第十五条 消费金融公司的监管评级结果从优到劣分为 1—5 级和 S 级，其中 2 级和 3 级进一步细分为 A、B 两个档次。消费金融公司出现重大风险的，直接划分为 5 级。处于重组、被接管、实施市场退出等情况的消费金融公司经监管部门认定后直接列为 S 级，不参加当年监管评级。

第十六条 消费金融公司的监管评级结果全面反映消费金融公司经营状况、专业服务能力、风险管理能力和风险程度。

监管评级为 1 级的消费金融公司经营状况持续良好，公司治理架构健全、机制完善，风险管理能力强，内部控制有效，主要股东抗风险能力突出且对消费金融公司经营给予有力支持。消费金融公司可能存在一些轻微问题，但能够通过公司内部“三道防线”及时发现并解决。

监管评级为2级的消费金融公司经营状况稳健，风险管理能力较强，主要股东经营情况良好，对消费金融公司经营能够给予必要支持。消费金融公司存在一些较轻问题，但能够在监管提示后在日常经营中予以纠偏解决。

监管评级为3级的消费金融公司存在一些明显问题，风险管理能力有待加强，主要股东经营存在一些劣变迹象，或者虽经营状况基本正常，但对消费金融公司经营支持力度不足或存在干涉消费金融公司经营管理的行为。消费金融公司存在的问题如不及时纠正，很容易导致经营状况进一步恶化，应当给予监管关注并进行早期干预。

监管评级为4级的消费金融公司经营状况恶化，公司治理和风险管理存在明显缺陷，部分风险问题突出，主要股东经营情况显著恶化或出现流动性紧张的情况。需及时采取监管措施以改善经营状况、降低风险水平，否则可能引发重大风险。

监管评级为5级的消费金融公司经营状况严重恶化，资产质量快速劣变，可能或已经出现对外债务逾期，风险外溢趋势明显，严重影响债权人利益或金融市场稳定，需要采取措施进行风险处置或救助。

第十七条 消费金融公司的监管评级结果应当作为监管部门制定及调整监管规划、配置监管资源、采取监管措施和行动的主要依据。

国家金融监督管理总局各级派出机构应当根据消费金融公司的监管评级结果，深入分析风险及其成因，制定消费金融公司的综合监管计划，明确监管重点，确定非现场监测和现场检查的频率、范围，并督促消费金融公司对发现的问题及时整改并上报整改落实情况。

对监管评级为1级的消费金融公司，以非现场监管为主，定期监测各项监管指标，通过现场走访、监管会谈和调研等方式，掌握最新经营状况，适当放宽监管周期、降低现场检查频率，在市场准入、创新业务试点等方面给予支持。

对监管评级为2级的消费金融公司，应当根据评级档次，按照监管投入逐步加大的原则，适当提高非现场监管分析与现场检查的频率、力度，增加与董事会和高级管理层的监管会谈频度，及时发现消费金融公司经营管理中存在的问题，督促其持续改善公司治理、内部控制和风险管理。

对监管评级为 3 级的消费金融公司，应当提高现场检查频率，加大现场检查力度，督促改善公司治理机制，加强对董事和高级管理人员履职行为的监管，密切跟踪研判消费金融公司及主要股东经营及风险状况，加大对其高风险业务的监管指导，防范风险外溢，视情况必要时采取相应监管措施，积极进行早期干预。

对监管评级为 4 级的消费金融公司，应当给予持续的监管关注，限制其高风险业务活动，要求其立即采取措施改善经营状况、降低风险水平，并区分问题性质依法采取要求主要股东履行增资等相关承诺、限制股东权利、限制分配红利和其他收入、责令调整董事、高级管理人员等措施，必要时暂停部分业务，制定恢复与处置计划。

对监管评级为 5 级的消费金融公司，按照高风险非银机构风险处置的有关要求执行。

第十八条 国家金融监督管理总局各级派出机构应当加强对消费金融公司单项评级要素得分情况的监管关注，结合评级反映的问题，针对该单项要素依法依规采取相应监管措施。

第十九条 监管评级结果应当作为消费金融公司业务分类监管的审慎性条件。

监管评级结果为 1 级、2 级、3 级的消费金融公司，除开展《消费金融公司管理办法》第十五条规定的基础业务外，经批准可以开展《消费金融公司管理办法》第十六条规定的专项业务。

监管评级结果为 4 级的消费金融公司，可以开展《消费金融公司管理办法》第十五条规定的基础业务。

监管评级结果为 5 级的消费金融公司，在风险敞口不扩大的前提下，可以开展《消费金融公司管理办法》第十五条规定的以下基础业务：接受股东及其境内子公司、股东所在集团母公司及其境内子公司的存款；向作为公司股东的境外金融机构借款。

第五章　附　　则

第二十条　本办法由国家金融监督管理总局负责解释。

第二十一条　本办法自印发之日起施行。《中国银保监会办公厅关于印发消费金融公司监管评级办法（试行）的通知》（银保监办发〔2020〕128号）同时废止。

解读《消费金融公司监管评级办法》*

国家金融监督管理总局有关司局负责人

2024年12月9日，国家金融监督管理总局修订印发《消费金融公司监管评级办法》（以下简称《评级办法》），有关司局负责人就相关问题进行了解读。

一、《评级办法》修订的背景

近年来，随着经济金融形势和消费金融公司行业的发展变化，《消费金融公司监管评级办法（试行）》（银保监办发〔2020〕128号）已不能满足行业高质量发展和强化监管的需要。同时，新修订的《消费

* 编者根据《国家金融监督管理总局有关司局负责人就〈消费金融公司监管评级办法〉答记者问》（载国家金融监督管理总局网站）整理。

金融公司管理办法》（国家金融监督管理总局令2024年第4号）已于2024年4月正式施行，《评级办法》相关内容也需要进行相应调整，保持监管要求的一致性。为进一步强化消费金融公司分类监管，结合公司治理、风险管理、消费者权益保护等监管要求，以及消费金融公司行业发展实际，国家金融监督管理总局对《评级办法》进行了修订完善。

二、《评级办法》主要修订内容

《评级办法》共五章21条，包括总则、评级要素、组织实施、评级结果与运用、附则，主要修订内容有以下三个方面。

一是合理调整评级要素。增加“合作机构管理”“消费者权益保护”两个评级要素，更加注重消费者权益保护工作评价。设置“公司治理、资本管理、风险管理、合作机构管理、专业服务质量、消费者权益保护、信息科技管理”七个评级维度，分别赋予15%、15%、25%、10%、10%、15%、10%的分值权重，提高评级颗粒度。

二是优化监管评级级次设置。将监管评级结果从优到劣划分为1—5级和S级，其中2级和3级细分为A、B两个档次，评级结果数值越大表明风险程度越高。新增加S级，即对于重组、被接管、实施市场退出等的消费金融公司，经认定后可直接列为S级。

三是明确分类监管原则与措施。监管评级结果将作为监管部门制定及调整监管规划、配置监管资源、采取监管措施的主要依据，并作为消费金融公司业务分级分类监管的审慎性条件。

三、如何根据监管评级结果进行业务分类监管

《消费金融公司管理办法》对消费金融公司业务范围进行了修订，区分了基础业务和专项业务。鉴于监管评级结果能够全面反映消费金融公司经营状况、专业服务能力、风险管理能力和风险程度，《评级办法》综合考虑不同业务的复杂程度和潜在风险情况，调整优化了不同

评级结果可开展的业务品种。其中，评级结果为1级、2级、3级的消费金融公司，可以开展《消费金融公司管理办法》第十五条规定的基础业务，经批准可开展第十六条规定的专项业务。4级的消费金融公司，可以开展《消费金融公司管理办法》第十五条规定的基础业务。5级的消费金融公司，将严格限制其业务范围，仅允许在风险敞口不扩大的前提下接受股东方的流动性支持。

《评级办法》的修订发布实施，有利于完善消费金融公司风险监管体系，提升分类监管的针对性和有效性，引导消费金融公司坚守专业化消费信贷功能定位，强化风险防控，发挥特色优势，促进高质量发展，更好地服务实体经济。

财政部

关于印发《境外会计组织境内业务活动管理办法》的通知

2024年12月6日　　财会〔2024〕23号

各省、自治区、直辖市、计划单列市财政厅（局），新疆生产建设兵团财政局，有关单位：

为规范境外会计组织在中国境内开展业务活动，提高管理服务质效，财政部制定了《境外会计组织境内业务活动管理办法》，现予印发，请遵照执行。

附件：境外会计组织境内业务活动管理办法

附件

境外会计组织境内业务活动管理办法

第一章 总 则

第一条 为规范境外会计组织在中国境内开展业务活动，根据《中华人民共和国境外非政府组织境内活动管理法》以及有关管理规定，制定本办法。

第二条 本办法所称的境外会计组织，是指在中国境内开展国际会计、社会审计理论研究、交流与合作等活动，且符合《中华人民共和国境外非政府组织境内活动管理法》规定的境外非政府组织。

第三条 财政部和各省、自治区、直辖市人民政府财政部门（以下称省级以上财政部门）是境外会计组织在中国境内开展活动的业务主管单位，负责对境外会计组织申请设立代表机构、变更登记事项、年度活动计划和工作报告提出意见，指导、监督境外会计组织及其代表机构依法开展活动，协助公安机关等部门查处境外会计组织及其代表机构的违法行为。

第四条 财政部应当将境外会计组织代表机构登记、年度活动计划等有关情况，通报项目活动地省、自治区、直辖市人民政府财政部门（以下称省级财政部门）。省级财政部门配合做好对境外会计组织代表机构在本行政区域内开展业务活动的监督管理工作。

省级财政部门应当将办理的境外会计组织申请设立代表机构、年度活动计划备案等事项情况，抄送财政部。

第五条 境外会计组织在中国境内开展活动，应当严格遵守中国法律法规，并接受公安机关、有关部门和业务主管单位的监督管理。

第六条 省级以上财政部门对工作中发现的境外会计组织未经登记备案在境内开展活动，境外会计组织代表机构未按规定办理变更登记、备案相关事项，以及违反《中华人民共和国境外非政府组织境内活动管理法》其他行为的，应当及时通报所在地省级公安机关并协助依法处置。

第二章 登记和备案

第七条 境外会计组织在中国境内开展活动，应当依法登记设立代表机构。未登记设立代表机构需要在中国境内开展临时活动的，应当依法备案。

第八条 符合《中华人民共和国境外非政府组织境内活动管理法》第十条规定条件的境外会计组织，可以申请在中国境内登记设立代表机构，并经财政部门同意。

第九条 境外会计组织拟设代表机构业务活动涉及多个省份的，设立代表机构的申请应当经财政部同意；仅限于一个省份的，应当经所在地的省级财政部门同意；并提交以下申请材料：

（一）境外会计组织在中国境内设立代表机构业务主管单位申请书（见附1）；

（二）境外会计组织基本情况说明（见附2）；

（三）境外会计组织办理设立代表机构登记授权书；

（四）境外会计组织在境外合法成立的证明文件、材料；

（五）境外会计组织章程；

（六）拟设代表机构首席代表身份证明及简历。

第十条 境外会计组织提交本办法第九条所列材料按公安机关登记

管理部门要求需经公证、认证的，可提交复印件，并附公证、认证文件或附加证明书的中文翻译件 1 份。文件材料为外文的，需提供中文翻译件。

第十一条 省级以上财政部门应当对境外会计组织提交的申请材料依法进行审核，自收齐全部材料之日起 30 日内，出具业务主管单位意见。有特殊情况的，可以延长作出决定的期限，并及时告知境外会计组织，延长期限不得超过 30 日。

第十二条 省级以上财政部门可以根据工作需要，进一步了解核实有关情况，境外会计组织应当予以配合。涉及其他部门管理领域的，省级以上财政部门可以征求有关部门意见。

第十三条 境外会计组织应当自业务主管单位同意之日起 30 日内，向拟设代表机构所在地省级公安机关登记管理部门申请设立代表机构登记。

境外会计组织应当自省级公安机关登记管理部门作出准予登记决定，发放境外非政府组织代表机构登记证书后 5 日内，将境外非政府组织代表机构登记证书复印件报送业务主管单位。

第十四条 境外会计组织代表机构的名称、住所、业务范围、活动地域、首席代表等登记事项发生变化，应当经业务主管单位同意。

第十五条 境外会计组织代表机构申请变更登记事项，应当参照本办法第九条、第十条的规定，向业务主管单位提交相关变动申请材料。

第十六条 业务主管单位应当自收齐本办法第十五条规定材料之日起 20 日内，出具业务主管单位审核意见。

第十七条 境外会计组织代表机构应当自业务主管单位同意变更之日起 30 日内，向所在地省级公安机关登记管理部门申请变更登记。

境外会计组织应当自省级公安机关登记管理部门作出准予变更登记决定，发放新的境外非政府组织代表机构登记证书后 5 日内，将新的境外非政府组织代表机构登记证书复印件报送业务主管单位。

第十八条 境外会计组织未在中国境内设立代表机构，在境内开展临时活动的，应当与中国的国家机关、人民团体、事业单位、社会组织（以下称中方合作单位）合作进行。

第十九条 境外会计组织开展临时活动，中方合作单位应当按照国家规定办理审批手续，并在开展临时活动 15 日前向其所在地的省级公安机关登记管理部门备案。临时活动期限不得超过一年，确实需要延长期限的，应当重新备案。

第三章 活动规范

第二十条 境外会计组织代表机构应当以登记的名称，在登记的业务范围和活动地域内开展活动。开展临时活动的境外会计组织，应当以经备案的名称开展活动。

第二十一条 境外会计组织自取得境外非政府组织代表机构登记证书之日起 20 日内，其代表机构应当向业务主管单位报送取得登记证书之日起当年的年度活动计划。境外会计组织代表机构应当于每年 12 月 31 日前将下一年度活动计划报送业务主管单位。年度活动计划应当详细说明拟开展活动的时间、地点、主要内容、预计使用经费等内容。必要时，应提交年度活动计划说明函。

第二十二条 业务主管单位应当自收到境外会计组织代表机构年度活动计划 20 日内，出具审核意见。

第二十三条 境外会计组织代表机构应当自业务主管单位出具审核意见之日起 10 日内，向所在地省级公安机关登记管理部门进行年度活动计划备案。

逾期未向公安机关备案的，应当重新向业务主管单位提交年度活动计划并说明逾期原因。

第二十四条 特殊情况下，境外会计组织代表机构需要调整年度活动计划的，应当及时将调整后的活动计划报送业务主管单位，业务主管单位审核同意后，向所在地省级公安机关登记管理部门备案。

第二十五条 境外会计组织代表机构应当于每年 1 月 31 日前向业务主管单位报送上一年度工作报告。工作报告应当包括经审计的财务会计报告、开展活动的情况、人员和机构变动情况等内容。

第二十六条 业务主管单位应当自收到境外会计组织代表机构年度工作报告 20 日内，出具审核意见。

第二十七条 境外会计组织代表机构应当于每年 3 月 31 日前，向所在地省级公安机关登记管理部门报送经业务主管单位出具审核意见的年度工作报告，接受年度检查。

第二十八条 境外会计组织代表机构在中国境内聘用工作人员应当遵守法律、行政法规，并将聘用的工作人员信息报业务主管单位和公安机关备案。

第二十九条 境外会计组织代表机构应当执行中国统一的会计制度。财务会计报告应当经中国境内会计师事务所审计。

第三十条 未在中国境内设立代表机构的境外会计组织在中国境内开展临时活动，中方合作单位应当在临时活动结束后 30 日内，按照国家有关规定将活动情况、资金使用情况等报送所在地省级公安机关登记管理部门。

第四章 附 则

第三十一条 境外非政府组织及其代表机构业务活动领域调整或者变更不再符合本办法第二条规定的，应当及时按程序告知原同意其设立代表机构的省级以上财政部门，省级以上财政部门不再是其业务主管单位。按照国家有关规定应当由其他部门作为其业务主管单位的，境外非政府组织应当及时按程序办理相关手续。

第三十二条 本办法未尽事宜，按照《中华人民共和国境外非政府组织境内活动管理法》及有关管理规定执行。

第三十三条 本办法自印发之日起施行。《财政部办公厅关于印发境外会计组织申请明确业务主管单位办事指南的通知》（财办会〔2019〕34号）同时废止。

附（略——编者注）：

1. 境外会计组织在中国境内设立代表机构业务主管单位申请书
2. 境外会计组织基本情况说明

解读《境外会计组织境内业务活动管理办法》*

财政部有关负责人

2024年12月6日，财政部印发《境外会计组织境内业务活动管理办法》（财会〔2024〕23号，以下简称《管理办法》），自印发之日起施行。财政部有关负责人就《管理办法》有关问题进行了解读。

一、制定《管理办法》的背景与意义

一是落实党的二十届三中全会的要求。2019年12月，《财政部办公厅关于印发境外会计组织申请明确业务主管单位办事指南的通知》（财办会〔2019〕34号，以下简称《办事指南》）明确了境外会计组织设立代表机构申请财政部门作为业务主管单位的有关要求，为推动境外会计组

* 编者根据《财政部有关负责人就印发〈境外会计组织境内业务活动管理办法〉答记者问》（载财政部网站）整理。

织在境内合法合规开展活动提供了具体指导。党的二十届三中全会提出“完善高水平对外开放体制机制”“打造透明稳定可预期的制度环境”。制定《管理办法》是会计领域落实党的二十届三中全会精神的具体举措，也是依法规范境外会计组织境内业务活动的重要一步。

二是落实财政部门指导监督职责的要求。根据境外非政府组织境内活动管理法等法规制度，省级以上财政部门是境外会计组织在境内开展国际会计、社会审计理论研究、交流与合作等活动的业务主管单位，应依法对其实施监督管理、提供服务。《管理办法》明确了相关监督管理服务职责，有助于充分发挥财政部门的监管作用，更好地指导境外会计组织及其代表机构在境内开展业务活动。

三是落实服务境外会计组织管理实践的要求。2020 年以来，7 家境外会计组织在境内设立 11 家代表机构，财政部同意作为其业务主管单位。结合近年来境外会计组织境内业务活动管理的实践，《管理办法》将《办事指南》上升为制度规定，进一步细化了代表机构设立、变更等事项的办理程序，明确了境外会计组织临时活动备案有关要求，有助于更好地保障境外会计组织及其代表机构的合法权益，促进交流与合作。

二、《管理办法》制定的过程

2023 年 12 月，财政部启动《管理办法》起草工作，系统梳理了境外会计组织境内业务活动管理工作开展过程中遇到的问题，对《管理办法》应规范的内容进行了认真研究，明确了《管理办法》的制定方向和主要内容。

2024 年 5 月至 8 月，经与公安机关、地方财政部门多次交流讨论，并征求有关单位意见，形成《管理办法》征求意见稿。2024 年 9 月，面向社会公开征求意见。

征求意见稿发布后，财政部共收到书面等方式反馈意见 29 份。其中，15 份表示无不同意见，其余 14 份共提出 49 条具体意见。反馈意见总体上认为《管理办法》有助于境外会计组织明晰在境内开展业务活动各项要求，提升了财政部门开展相关管理工作的规范性。财政部对收到的49条具体意见进行了认真梳理分析研究，修改完善形成送审稿，完成财政部审核批准程序、国家发展改革委宏观政策取向一致性评估后，于2024年12月6日正式印发《管理办法》。

三、《管理办法》的主要内容

答:《管理办法》主要包括四方面内容。

一是总则。主要明确了《管理办法》制定目的、适用范围、总体要求、境外会计组织在中国境内开展活动的业务主管单位、财政部和省级财政部门的主要职责分工等。

二是登记和备案。主要明确了申请设立代表机构的基本条件、受理部门、需要提交的申请材料和材料格式、办理期限、登记办理，需经财政部门同意的代表机构变更事项，未在中国境内设立代表机构的境外会计组织在境内开展临时活动的有关要求等。

三是活动规范。主要明确了代表机构年度活动计划报送、活动计划调整等要求，代表机构年度工作报告报送等要求。

四是附则。主要明确了境外会计组织代表机构业务活动领域不再属于财政部门业务范围情况下的处理要求等。

四、如何做好《管理办法》的贯彻落实

一是加大指导力度。省级以上财政部门要高度重视，指导境外会计组织及其代表机构严格按照经备案的活动计划在本行政区域内开展业务活动。

二是加强监督力度。省级以上财政部门要落实境外非政府组织境内活动管理法等法律制度有关要求，指导、监督境外会计组织及其代表机构在境内依法开展业务范围内的活动。

三是加强协调配合。省级以上财政部门对工作中发现的境外会计组织未经登记或备案在境内开展活动，境外会计组织代表机构未按规定办理变更登记、备案相关事项，以及违反境外非政府组织境内活动管理法其他行为的，应当及时通报所在地省级公安机关并协助依法处置。

地方性法规、地方政府规章与解读

南通市知识产权促进和保护条例

（2024 年 10 月 30 日南通市第十六届人民代表大会常务委员会第二十二次会议通过　2024 年 11 月 28 日江苏省第十四届人民代表大会常务委员会第十二次会议批准）

目　　录

第一章　总　　则

第一条　为了全面加强知识产权保护，激发全社会创新活力，推动知识产权强市建设，促进新质生产力发展，根据有关法律、法规，结合本市实际，制定本条例。

第二条　本市行政区域内知识产权创造、运用、保护、管理、服务以及相关活动，适用本条例。

知识产权是权利人依法就下列客体享有的专有的权利：

（一）作品；

（二）发明、实用新型、外观设计；

（三）商标；

（四）地理标志；

（五）商业秘密；

（六）集成电路布图设计；

（七）植物新品种；

（八）法律规定的其他客体。

第三条 知识产权促进和保护应当遵循激励创新、质量优先、有效运用、依法保护、科学管理、优化服务的原则。

第四条 市、县级人民政府应当加强对知识产权促进和保护工作的领导，将知识产权促进和保护工作纳入国民经济和社会发展规划，优化财政投入，建立与经济发展相适应的长效保障机制，协调解决重大问题，对所属部门和下级人民政府贯彻落实知识产权重大决策、重要部署以及履行法定职责情况进行督查。

南通经济技术开发区、南通苏锡通科技产业园区、江苏省通州湾江海联动开发示范区等园区管理机构按照职责做好知识产权促进和保护工作。

第五条 市场监督管理（知识产权）部门统筹协调知识产权促进和保护工作，依法负责专利、商标、地理标志、商业秘密、集成电路布图设计促进和保护工作；版权、文化广电和旅游部门依法负责著作权促进、保护工作；农业农村、自然资源和规划部门依法负责植物新品种促进和保护工作。本款规定的部门统称为负有知识产权管理职责的部门。

其他有关部门按照各自职责，共同做好知识产权促进和保护工作。

第六条 市、县级人民政府及其有关部门应当加强与长江三角洲区域以及其他地区在知识产权领域的交流协作，推进建设长江口产业创新绿色发展协同区，促进信息互通、执法互助、经验互鉴，推动实现区域知识产权制度建设和实施机制一体化。

市人民政府应当拓宽知识产权对外交流合作渠道，加强与有关国家、地区和国际组织的交流合作。

鼓励和支持企业、高等学校、科研院所、社会组织等依法开展知识产权国际交流合作。

第七条 市、县级人民政府及其有关部门应当加强知识产权宣传，打造传统媒体和新兴媒体融合发展的知识产权文化传播平台，拓展社交媒体、短视频、客户端等新媒体渠道，向社会普及知识产权知识，营造崇尚创新、尊重知识产权的社会环境。

第八条 市、县级人民代表大会常务委员会应当通过听取和审议专项工作报告、开展执法检查等方式，加强对知识产权促进和保护工作的监督。

第二章 促 进

第九条 市、县级人民政府应当推动建立以企业为主体、市场为导向、产学研服相结合的知识产权高质量创造和运用机制。

第十条 市、县级人民政府应当围绕船舶海工、高端纺织等重点产业，新能源、新一代信息技术等战略性新兴产业以及低空经济、深远海装备等未来产业，通过规划引导、政策支持等措施，重点推动关键核心技术、原创性技术、引领性技术的知识产权创造和储备，形成高价值专利和专利组合。

市场监督管理（知识产权）等部门应当支持企业、高等学校、科研院所等加强自主创新，在申请专利前对其价值、市场前景等进行评估，提升专利创造质量。

第十一条 市场监督管理（知识产权）部门应当指导企业将知识

产权与技术标准有效融合，支持知识产权权利人将自主知识产权转化为国际标准、国家标准、行业标准、地方标准或者团体标准。

第十二条 版权等部门应当采取措施，鼓励和支持作品创作和传播，引导著作权人依法进行著作权登记，推动数字经济、文化创意等领域的著作权创造和产业转化；支持版权交易和服务平台建设，加强作品资产评估、登记认证等服务。

版权部门应当引导和支持人工智能研发机构通过著作权集体管理组织对特定作品进行著作权集体管理，减少人工智能开发数据的合法性风险。

第十三条 市、县级人民政府及其有关部门应当推进商标品牌建设，支持有关组织围绕区域特色产业申请注册集体商标、证明商标，培育企业品牌、产业集群品牌和区域品牌；鼓励企业加强商标品牌海外布局，培育国际知名品牌。

支持推广城市和区域的形象标识、文化旅游标识，并申请注册商标，塑造特色城市形象，打造文化旅游品牌。

第十四条 市、县级人民政府及其有关部门应当建立优质地理标志培育机制，开展海安大米、白蒲黄酒、如东条斑紫菜、吕四海蜇、通州腐乳、海门山羊等本地“通乡优品”品牌宣传推介，培育地理标志产品生产龙头企业，推动地理标志与特色产业绿色发展、历史文化传承以及乡村振兴有机融合，提升地理标志品牌影响力和产品附加值。

第十五条 负有知识产权管理职责的部门应当会同商务、卫生健康等部门，加强对南通蓝印花布印染技艺、南通仿真绣、如皋盆景技艺等非物质文化遗产以及民间文艺、老字号、中医药等领域的知识产权促进和保护，优化名录管理和分类服务，引导和支持相关主体通过专利申请、商标注册、作品登记、商业秘密保护等方式实现传承和创新发展。

第十六条 负有知识产权管理职责的部门应当强化知识产权申请注册质量监管，依法制止不以保护创新为目的的非正常专利申请、不以使用为目的的恶意商标注册、作品著作权重复登记和恶意登记等行为。

第十七条 市场监督管理（知识产权）等部门应当支持引导企业完善知识产权规范管理体系，鼓励企业建立知识产权总监制度，提升知识产权意识和管理水平。

第十八条 金融监督管理、财政、市场监督管理（知识产权）等部门应当鼓励、支持金融机构创新金融产品和服务模式，优化知识产权质押融资、保险、风险投资、证券化、信托等金融服务，完善知识产权质押融资风险补偿机制和知识产权保险补贴机制。

支持评估机构、知识产权服务机构等探索符合知识产权特点的评估方法，完善知识产权价值评估机制。

第十九条 市、县级人民政府应当鼓励高等学校、科研院所建立专业化知识产权转移转化机构，支持其通过多种途径筹资设立知识产权管理资金和运营基金。

高等学校、科研院所应当健全知识产权转化工作制度，建立市场导向的存量专利筛选评价、供需对接、推广应用和跟踪反馈机制。

第二十条 市、县级人民政府及其有关部门应当指导、促进和规范知识产权市场化定价和交易，推进知识产权交易平台建设，优化信息发布、交易撮合、登记结算等服务，推动知识产权成果转化。

第二十一条 市、县级人民政府及其有关部门应当支持企业、高等学校、科研院所、服务机构等组建产业知识产权创新联合体，建设运营重点产业专利池，推动知识产权与创新链、产业链、资金链、人才链深度融合。

市场监督管理（知识产权）等部门应当引导企业开展专利产品备案、参与专利密集型产品认定，培育知识产权优势示范企业。

科学技术、财政等部门应当建立完善财政资助科研项目形成知识产权的声明制度，促进高价值专利产出和实施。

第三章　保　　护

第二十二条　市、县级人民政府应当推动建立行政执法、司法保护、仲裁调解、行业自律、公民诚信等协同配合的知识产权保护机制，加强知识产权执法队伍建设，推进知识产权治理创新，构建严保护、大保护、快保护、同保护的工作格局。

第二十三条　市、县级人民政府及其有关部门应当完善知识产权快速协同保护机制，推进知识产权保护中心和具有区域产业特色的知识产权快速维权中心建设。

知识产权保护中心、快速维权中心应当依法开展知识产权快速审查、快速确权、快速维权，加强纠纷处理，提供知识产权创造、运用、保护等全链条服务。

第二十四条　市场监督管理（知识产权）部门应当会同公安机关健全本市商标保护名录，将容易被侵权的注册商标纳入重点保护范围。

海关部门应当加强进出口环节知识产权保护，指导知识产权权利人依法开展知识产权备案；加强对企业的知识产权海关保护服务。

第二十五条　市场监督管理（知识产权）部门应当完善专利侵权纠纷行政裁决机制，对基本事实清楚、证据确凿、权利义务关系明确的简单专利行政裁决案件，依法探索适用简易程序、独任审理等机制。

市场监督管理（知识产权）部门可以依法委托具有管理公共事务职能的组织开展专利侵权纠纷行政裁决。

第二十六条　市场监督管理（知识产权）部门、公安机关等可以依托高等学校、科研院所、知识产权鉴定机构等组织，组建商业秘密保护智库；指导和支持市场主体建立符合行业特点和自身技术要求的商业秘密保护管理制度。

第二十七条 负有知识产权管理职责的部门应当会同数据部门建立与数据相关的知识产权保护机制，对依法获取的、经过一定规则或者算法加工处理、具有实用价值和智力成果属性的数据进行保护，推动开展数据相关知识产权登记。

第二十八条 市场监督管理（知识产权）部门应当会同司法行政、商务、外事、侨务、金融监督管理等部门以及归国华侨联合会等单位，采取下列措施推进海外知识产权保护：

（一）及时发布动态信息、风险预警和典型案例；

（二）为全市外向型企业提供风险防控、纠纷应对等培训服务；

（三）指导企业加强海外知识产权布局，申请境外专利和商标；

（四）加强“知联侨”知识产权海外服务中心建设，完善维权援助和应急机制；

（五）支持保险机构创新涉外知识产权保险产品，开展相关保险业务。

第二十九条 人民法院应当完善知识产权审判机制，依法落实知识产权侵权惩罚性赔偿等制度；坚持平等保护，依法审理涉外知识产权纠纷；防止和纠正恶意诉讼、虚假诉讼，提高审判质效。

人民检察院应当加强对知识产权民事、刑事、行政诉讼的法律监督，推进知识产权检察综合履职，探索知识产权行政、民事公益诉讼。

公安机关应当加强知识产权领域风险研判，针对行业性、地域性突出问题，依法加大侵犯知识产权犯罪打击力度。

第三十条 负有知识产权管理职责的部门应当健全知识产权违法案件协调联动和线上线下快速协查机制，加强对侵权集中领域和易发风险区域的监督检查。

负有知识产权管理职责的部门应当与人民法院、人民检察院、公安机关健全知识产权行政执法和刑事司法衔接机制，完善案件线索移送、信息通报、联络会商等工作制度。

第三十一条 负有知识产权管理职责的部门、人民法院、人民检察院、公安机关等可以选聘技术调查员，提出技术调查意见，为认定技术事实提供参考。

第三十二条 负有知识产权管理职责的部门、人民法院、人民检察院应当通过发布年度典型案例、知识产权保护状况等方式，为政府部门、市场主体等健全制度、加强管理、消除隐患提供指引。

第三十三条 司法行政部门应当鼓励和支持公证机构运用电子签名、数据加密、区块链等技术，创新公证证明和公证服务方式，优化公证流程，为知识产权创造、运用与保护等提供全过程的优质公证服务。

第三十四条 支持仲裁机构开展知识产权纠纷仲裁，建设专业化知识产权仲裁员队伍。推动负有知识产权管理职责的部门、行业组织加强与仲裁机构合作，引导当事人达成仲裁协议，采用仲裁方式解决知识产权纠纷。

鼓励和支持行业协会、商会、知识产权服务机构依法成立知识产权调解组织。推动在人民法院诉讼服务中心引入律师、专利代理师等参与知识产权案件调解。

知识产权纠纷经过依法设立的调解组织调解达成具有民事合同性质协议的，当事人可以依法向人民法院申请确认其效力。

第三十五条 市人民政府及其有关部门应当扶持和促进知识产权相关行业协会发展。鼓励、引导行业协会建立知识产权保护自律和信息沟通机制，对侵犯他人知识产权的会员进行规劝惩戒，并将规劝惩戒情况报告负有知识产权管理职责的部门。

第三十六条 家纺服装、家具家装、电动工具等专业市场开办方应当采取下列措施加强专业市场知识产权保护：

（一）制定知识产权保护管理制度，通过与场内经营者签订协议等方式明确知识产权保护权利和义务；

（二）建立日常巡查制度，发现知识产权侵权行为的，要求经营者停止侵权，并立即报告负有知识产权管理职责的部门；

（三）配合有关部门开展知识产权管理、执法工作；

（四）建立知识产权纠纷快速处理机制，记录纠纷处理全过程，妥善保管相关档案；

（五）做好知识产权保护宣传培训等工作。

负有知识产权管理职责的部门应当加强对专业市场的监管，推进专业市场知识产权保护规范化建设。

第三十七条 展会主办方、承办方应当加强对参展项目知识产权状况的核查，督促参展方对参展项目进行知识产权状况检索，并要求其作出不侵犯他人知识产权的承诺。

市场监督管理（知识产权）、商务等部门应当加强对展会知识产权保护的协调、监督、检查，指导展会主办方、承办方及时处理纠纷。

第三十八条 市、县级人民政府及其有关部门应当推动建立知识产权合规承诺制度。组织和个人参与政府投资、政府采购和招标投标、政府资金扶持、参评政府奖项等活动的，应当作出不侵犯他人知识产权的承诺，并在签订协议时约定违反承诺的责任。

鼓励组织和个人在合同中约定知识产权合规承诺的内容以及相应的违约责任。

第三十九条 知识产权权利人和利害关系人维护自身合法权益，应当遵守诚实信用原则，不得滥用权利。

第四章 服务与管理

第四十条 市、县级人民政府及其有关部门应当建立标准化、智能化、便利化的知识产权公共服务体系，发布公共服务清单、标准和流程，提供法律咨询、维权援助、纠纷调解等一站式服务，支持技术与创新支持中心、高校国家知识产权信息服务中心、国家知识产权信息公共服务网点等建设。

第四十一条　市、县级人民政府及其有关部门应当采取措施，支持知识产权代理、运营、评估、法律、信息、咨询等服务机构发展，提升专业化、规范化水平。

支持建设知识产权服务业集聚区，吸引国内外优质服务机构落户，引导知识产权服务链上下游优势互补、多业态协同发展，构建区域特色服务体系。

第四十二条　市、县级人民政府及其有关部门应当促进知识产权服务与产业融合发展；建立知识产权服务对接重点产业、重大项目工作机制，重点提供专利导航等服务。

支持建设专利导航服务基地，加强对重点产业领域专利信息的分析，推动专利导航成果应用和共享，为宏观决策、产业规划、企业经营和创新活动提供指引。

第四十三条　市场监督管理（知识产权）部门应当会同有关单位建立知识产权专家咨询委员会和专家库，为知识产权工作提供咨询、论证等服务。

第四十四条　市、县级人民政府及其发展改革、科学技术、工业和信息化、商务、国有资产管理等部门，应当对财政资金投入数额较大以及对经济社会发展和公共利益具有较大影响的重大经济科技活动，组织开展知识产权分析评议，防范知识产权风险。

市场监督管理（知识产权）部门负责协调知识产权评议工作。

第四十五条　市场监督管理（知识产权）部门应当编制发布企业知识产权保护指南，引导企业建立知识产权风险防控机制。

市场监督管理（知识产权）部门应当支持开展企业上市知识产权专项服务，指导企业加强知识产权风险预警和防范。

第四十六条 市场监督管理（知识产权）部门应当加强对知识产权代理机构的监管，引导代理机构健全内部管理制度和岗位责任制度，提高服务质量。

第四十七条 市、县级人民政府及其有关部门应当完善知识产权人才引进、培养、评价、激励机制，将知识产权人才纳入“江海英才”计划，引进和培养知识产权高层次人才，推进企业、高等学校、科研院所等专业人才队伍建设。

搭建知识产权人才助企强链平台，推动与产业、企业、创新主体精准对接。

第四十八条 市人民政府应当鼓励和支持张謇企业家学院、高等学校加强与企业、科研院所、知识产权服务机构等合作，联合培养知识产权实务人才。

市、县级人民政府应当加强国家机关工作人员、国有企业负责人知识产权教育培训。

教育部门应当将知识产权知识作为学生素质教育的重要内容。

第五章 法律责任

第四十九条 对违反本条例规定的行为，法律、法规已有处罚规定的，从其规定。

第五十条 专业市场开办方违反本条例第三十六条第一款第一项、第二项规定，有下列情形之一的，由市场监督管理（知识产权）部门责令改正；拒不改正的，处二千元以上一万元以下罚款：

（一）未制定知识产权保护管理制度；

（二）未与场内经营者通过签订协议等方式明确知识产权保护权利和义务；

（三）未建立日常巡查制度；

（四）发现知识产权侵权行为，未要求经营者停止侵权；

（五）发现知识产权侵权行为，未立即报告负有知识产权管理职责的部门。

第五十一条 国家机关工作人员在知识产权促进和保护工作中滥用职权、玩忽职守、徇私舞弊的，依法给予处分；构成犯罪的，依法追究刑事责任。

第六章 附 则

第五十二条 本条例自 2025 年 4 月 26 日起施行。

指导案例、典型案例与解读

2023年浙江法院金融审判十大典型案例

（2024年12月18日浙江省高级人民法院发布）

案例一　王某与某药业公司、陈某证券虚假陈述责任纠纷案
案例二　周某与某建设公司职工破产债权确认纠纷案
案例三　王某与顾某、A集团以及毛某股权转让纠纷案
案例四　某配件厂与某投资公司等票据追索权纠纷案
案例五　某咨询公司与蔡某债权转让合同纠纷案
案例六　任某与某财产保险公司责任保险合同纠纷案
案例七　某村镇银行与某医疗公司等金融借款合同纠纷案
案例八　A公司与B公司、C公司民间借贷纠纷案
案例九　林某与某财产保险公司、应某保险合同纠纷案
案例十　肖某与某农商行合同纠纷案

案例一

王某与某药业公司、陈某证券虚假陈述责任纠纷案

【关键词】

诱多型证券虚假陈述　损失因果关系　市场风险

【受理法院】

浙江省高级人民法院（以下简称浙江高院）

【基本案情】

某药业公司系在深交所发行股份的上市公司。2015 年 12 月，该公司收购 A 公司，成为 100%控股股东。2019 年 12 月 25 日，某药业公司发布《关于子公司失去控制的公告》，主要内容为：A 公司之全资子公司 B 公司存在违规对外担保情况，且 2019 年经营业绩突然出现大幅下降，某药业公司于 2019 年 11 月 25 日派工作组进驻 A 公司，管控工作受阻，A 公司无法正常运营，某药业公司对 A 公司及其子公司失去控制。该公告还进行了风险提示，不再将 A 公司及其子公司纳入公司合并报表范围，失去控制事项将对公司 2019 年度财务报表产生重大影响。

2021 年 4 月，中国证监会浙江监管局作出行政处罚决定书：2016 年至 2018 年期间，A 公司在未开展真实业务的情况下，确认来自多个客户的销售收入，并通过第三方主体实现资金流转。2016 年至 2018 年期间，A 公司合计虚增营业收入、虚增营业成本、虚增利润总额，分别占某药业公司同期披露营业收入、营业成本、利润总额的较大份额。上述财务数据纳入某药业公司合并报表后，导致某药业公司 2016 年、

2017 年、2018 年年度报告的财务数据及相关披露信息存在虚假记载。某药业公司的上述行为违反 2014 年证券法第六十三条的规定，构成了 2014 年证券法第一百九十三条第一款所述的信息披露违法行为。某药业公司董事长、总经理陈某兼任 A 公司董事，未能组织某药业公司对 A 公司采取必要及有效管控，导致某药业公司年度报告存在虚假记载，对上述信息披露违法行为负有主要责任，最终决定对某药业公司以及陈某等责任人员予以行政处罚。王某在实施日与揭露日期间三次购买某药业公司股票，后起诉要求某药业公司赔偿因证券虚假陈述导致的投资损失，并由陈某承担连带赔偿责任。

【裁判理由】

浙江高院二审认为，被行政处罚的行为并不必然承担民事侵权责任，投资者提起民事赔偿诉讼，仍需证明损失与虚假陈述之间存在因果关系。本案所涉虚假陈述属诱多型虚假陈述，诱多型虚假陈述对投资者的影响在于，其实施后股价会上行而虚高，被揭露后股价会下跌以回归真实价值，从而使实施日后揭露日前买入、揭露日后卖出或继续持有的投资者遭受损失。分别考察实施日、2017 年年报公布日、2018 年年报公布日，其后某药业公司的股价均未出现明显上涨。而本案虚假陈述行为于 2020 年 1 月 2 日被揭露后，在没有利好公告的情况下，某药业公司股价当日上涨 1.24%，至基准日累计上涨 13.2%，明显优于同期深证成指、行业指数的走势。因此，某药业公司股价并未因虚假陈述行为而上涨，也未因虚假陈述行为被揭露而下跌，投资者的损失与虚假陈述行为无关。王某三次买入某药业公司股票时，股价已经并继续处于下降通道，至揭露日的前一交易日，已产生较大的投资损失，揭露日以及至基准日期间的股价上涨，反为其挽回部分损失。故本案投资损失并非因虚假陈述行为所致，二审遂改判驳回王某全部诉讼请求。

【典型意义】

证券虚假陈述案件的办理进入精细化审理模式，被行政处罚的行为并不必然承担民事侵权责任，仍然需要回归侵权法律关系的本源，即考虑投资者的投资损失与虚假陈述行为之间的因果关系问题。要重点关注诱多型证券虚假陈述行为和诱空型证券虚假陈述行为在实施日、揭露日、基准日期间在股价和交易量方面的不同表现，综合判断对投资损失的影响程度。另外，因上市公司股价与证券市场多种因素密切相关，亦应当对投资者买入、卖出时期的个股走势、行业板块、大盘情况等进行整体考量。本案例也提醒广大股民，市场有风险，入市需谨慎。

案例二

周某与某建设公司职工破产债权确认纠纷案

【关键词】

破产债权确认　职工债权　农民工工资　优先受偿

【受理法院】

浙江省高级人民法院（以下简称浙江高院）

【基本案情】

周某经杜某介绍到某建设公司承包的医院改扩建工程项目工作。周某未与某建设公司订立劳动合同，且不属于该公司缴纳社会保险人员范围。2017 年 3 月 27 日，某市某区人社局作出劳动保障监察行政处理决定，责令某建设公司支付周某等169位民工工资，同时加付赔偿金。2017年12月22日，某市某区法院作出行政裁定书，裁定对前述决定中责令某建设公司支付周某工资45705元、赔偿金22852.5元，共计68557.5元的内容，准予强制执行。2018年5月29日，某市某区法院裁定受理某建设公司破产清算一案，并指定某律师事务所担任管理人。2018年7月，周某向管理人申报农民工工资债权68557.5元，债权申报代理人为杜某，申报材料中留存的送达地址、收款账户均为杜某。该项目的其他班组如泥工班组、油漆班组等均以班组长名义向某建设公司申报债权。2022年8月19日，管理人作出《债权审核结果告知函》，认定周某对某建设公司享有债权总额68557.5元，性质为普通债权（劳务合同）。周某提出异议认为其债权应为优先债权，2022年9月23日，管理人作出《债权异议复核结果告知函》，复核结果为对周某所提异议不予支持。周某遂起诉请求确认其对某建设公司享有职工破产债权68557.5元。

【裁判理由】

浙江高院二审认为，《最高人民法院关于审理企业破产案件若干问题的规定》第五十七条规定，债务人所欠非正式职工（含短期劳动工）的劳动报酬，参照企业破产法第三十七条第二款第一项规定的顺序清偿。该规定援引的企业破产法（试行）虽已于2007年6月1日废止，但第三十七条所规定第一顺位清偿的债权即破产企业所欠职工工资和劳动保险费用已被现行企业破产法第一百一十三条所吸收。《最高人民法院关于审理企业破产案件若干问题的规定》自2002年9月1日起施行，该规定与企业破产法修订前后的规定均不抵触，农民工工资作为劳务报酬仍可参照职工工资债权予以认定。

本案中，周某系由杜某介绍到某建设公司承包的医院改扩建工程项目工作，并在某建设公司破产清算前取得了行政裁定书，责令某建设公司支付周某工资、赔偿金共计 68557.5 元，这是对周某在某建设公司从事劳务、工资情况的确认。在案涉劳动债权经劳动监察程序予以明确的情况下，周某申报的工资作为劳动报酬，应得到优先保护，符合《最高人民法院关于审理企业破产案件若干问题的规定》第五十七条的规定。因此，周某工资 45705 元可以参照企业职工债权的顺位在破产程序中优先清偿，尤其是针对周某直接付出劳务的某建设公司承包的医院改扩建工程项目的工程款。本案 22852.5 元赔偿金系对某建设公司未及时足额支付周某劳动报酬的行为向周某加付的赔偿金，非劳动报酬或经济补偿金的性质，不符合企业破产法第一百一十三条的规定，不参照职工债权受偿。因此，二审改判支持对周某申报的 45705 元工资可参照企业职工债权顺位在破产程序中优先清偿。

【典型意义】

保护劳动者权益是破产法的重要原则，始终贯穿破产法的演进过程，不因新旧破产法律制度变化而发生改变。由于企业破产法仅规定职工工资属于优先受偿的债权，未进一步区分，实践中对近似于职工工资的请求权是否优先受偿存在争议。本案通过对《最高人民法院关于审理企业破产案件若干问题的规定》第五十七条及新旧企业破产法有关职工债权规定的解释，认为未订立劳动合同的农民工工资可以参照职工工资债权在破产程序中优先受偿。这也体现了不拘泥身份，只要属于劳动报酬性质，劳动者均应享有企业破产法规定的优先受偿权的立法目的。

案例三

王某与顾某、A 集团以及毛某股权转让纠纷案

【关键词】

投资协议　股票发行　证券市场交易秩序　合同无效的处理

【受理法院】

杭州市中级人民法院（以下简称杭州中院）；杭州市上城区人民法院

【基本案情】

2016 年 8 月，证监会批复核准某股份公司发行新股。2016 年 9 月 1 日，毛某（甲方）与顾某（乙方）、A 集团（丙方）签订《合作协议》一份，约定：甲方同意向乙方提供 1 亿元资金；甲方提供资金的回报收益为顾某间接持有的某股份公司部分股权的未来收益，但最低回报收益不低于 10%的年化收益，若低于 10%的年化收益，其差额部分由乙方另行补足；丙方提供连带责任保证担保；自标的股份解禁之日起，且在上市后 36 个月，甲方可以随时以书面形式通过乙方要求丙方出售或转让标的股份，若丙方在接到通知后七个工作日内未出售或转让标的股份的，视为乙方根本违约，乙方应承担违约责任。2020 年 8 月 6 日，毛某委托律师事务所向顾某、A 集团发送履约函，要求其于收函后第一个交易日，以收函前三个交易日的平均股价作为出售价格，出售全部标的股权，并于标的股出售后七日内向毛某全额支付出售收益等。2022 年 4 月 27 日，毛某与王某签署《债权转让协议》并将债权转让通知书寄给

顾某、A 集团。后因款项未支付，王某起诉要求顾某支付股权投资款及违约金，并要求 A 集团承担连带清偿责任。

【裁判理由】

杭州中院二审认为，案涉《合作协议》虽约定毛某就其交付的款项享有确定的最低回报收益，但双方就超额回报收益亦约定明确的分配比例，双方还约定毛某对上市后的目标公司对应股票享有指示处分的合同权利，这与借款合同的法律特征具有明显区别，故该协议并非借款合同。因案涉《合作协议》签订于上市公司股票发行阶段，作为协议当事人的毛某依约享有公司上市后对应股票一定的处分权，该情形导致发行人股份存在权属纠纷的可能，而本案并无证据显示发行人及顾某、A 集团对此予以信息披露，故案涉《合作协议》的签订与履行行为有损证券市场基本交易秩序与交易安全，协议应当归于无效。合同无效后，双方都有过错的，应当各自承担相应的责任；因《合作协议》系损害公序良俗而无效，故该协议项下相应款项回报收益的计算方式因其系双方的真实意思表示而可作为无效后损害赔偿责任的衡量基础。至于无效过错问题，案涉《合作协议》之无效显因双方共同行为所致，双方亦因该协议的履行而负担各自的交易风险，结合双方关于交易收益分配的约定内容以及股份变现交易费用的可能负担情形等，在综合评定双方过错因素的基础上认定相应投资收益由毛某享有 60%、顾某享有 40%，即毛某应享有投资收益的 60%，加上本金 1 亿元，再扣除顾某已支付的款项，尚欠 1041 万元未付。因毛某已将案涉债权转让给王某，且已通知顾某、A 集团，故二审维持顾某应向王某支付 1041 万元，A 集团对顾某不能清偿部分的三分之一承担赔偿责任的一审判决。

【典型意义】

我国资本市场发展过程中，存在拟上市公司大股东或实际控制人以让渡上市交易股票收益权乃至全部权利为对价先期获得资金的情形。该情形导致发行人股份存在权属纠纷的可能，违反了证券市场信息披露等监管要求，有损证券市场基本交易秩序与交易安全，应当给予否定性评价。合同无效后，要充分考虑双方意思表示一致的真实性、因协议履行而负担的交易风险、关于交易收益分配的约定内容、股份变现交易费用的可能负担等情形综合评定双方过错进而确定双方的损益负担比例，借此促进证券市场公允定价和公司治理规范运行，有效维护市场持续稳定，保障中小投资者合法权益。

案例四

某配件厂与某投资公司等票据追索权纠纷案

【关键词】

电子商业汇票　期前提示付款　票据追索权

【受理法院】

浙江省高级人民法院（以下简称浙江高院）；宁波市中级人民法院（以下简称宁波中院）

【基本案情】

2021年1月17日，某投资公司出具电子商业承兑汇票一张，票据金额20万元，汇票到期日2022年1月16日，由出票人承兑，某房产公司提供保证，承兑、保证日期均为2021年1月19日。案涉汇票经过多次背书转让，背书人背书转让时均记载汇票可再转让。2021年11月

17日，某配件厂在交易结算中通过背书转让获得票据权利。某配件厂分别于2022年1月8日、2022年4月11日、2022年4月16日向某投资公司三次提示付款，票据状态显示“逾期提示付款已拒付”。某配件厂遂向前手及出票人提起追索权诉讼，要求清偿承兑汇票本金20万元及利息。

【裁判理由】

浙江高院二审认为，根据《电子商业汇票业务管理办法》第五十九条规定，持票人在票据到期日前提示付款的，承兑人可付款或拒绝付款，或于到期日付款。承兑人拒绝付款或未予应答的，持票人可待票据到期后再次提示付款。结合本案，持票人某配件厂于2022年1月8日提示付款，虽早于汇票到期日，但提示付款请求到达承兑人系统并持续至到期日的，应当认定该行为具有到期日提示付款的效力，故二审维持认定持票人某配件厂享有票据追索权的一审判决。

【典型意义】

近年来，部分企业出现资金流动性危机，无法兑付商业承兑汇票，导致法院票据纠纷大量增加，出现风险外溢倾向。除资金偿付能力外，电子票据和纸质票据在操作中的差异，亦会影响司法审判实践。比如，电子商业汇票期前提示付款的效力问题，目前尚未有统一的法律规定。宁波中院通过提级管辖本案，对《电子商业汇票业务管理办法》相关条文进行解释和分析，明确了电子商业汇票期前提示付款效果的持续性，即持票人在票据到期日前向承兑人提示付款，承兑人未应答的状态持续至票据到期日之后，持票人期前提示付款的行为产生法定提示付款期内提示付款的法律效果，一定程度发挥了示范案件的引导作用，统一了裁判尺度。

案例五

某咨询公司与蔡某债权转让合同纠纷案

【关键词】

债权转让　假借资质　放贷

【受理法院】

温州市中级人民法院（以下简称温州中院）

【基本案情】

2022 年 2 月 14 日，蔡某与案外人某小贷公司签订《借款合同》，合同约定：借款金额 10 万元，借款月利率 1.2%，借款期限一个月。同日，某小贷公司向蔡某交付借款 10 万元，并与某咨询公司签订《债权转让合同》，将其对蔡某的上述债权转让给某咨询公司，蔡某在《债权转让通知》中签字确认。2022 年 2 月 18 日，某咨询公司向某小贷公司汇款 100010 元。借款发生后，蔡某自 2022 年 2 月 15 日起每日向某咨询公司转账 1400 元至 2022 年 2 月 27 日止，共计支付 18200 元。蔡某主张其系向某咨询公司而非某小贷公司借款。蔡某同时签署了案涉《借款合同》及《债权转让通知》。落款日期为 2022 年 2 月 14 日的《债权转让合同》是某咨询公司邮寄给某小贷公司，让其盖章后寄回。某咨询公司与某小贷公司存在长期合作关系。某咨询公司将还款已作本金扣减，故向法院起诉请求蔡某偿还借款本金 81800 元及利息。

【裁判理由】

温州中院二审认为，未经国务院银行业监督管理机构批准，任何单位和个人不得设立银行业金融机构或者从事银行业金融机构的业务活动。虽然案涉《借款合同》中的合同签署相对方系某小贷公司，但《借款合同》与《债权转让通知》签署于同一天；在某咨询公司支付所谓债权转让款前，某咨询公司已经开始收取蔡某的还款；且某咨询公司还与某小贷公司存在合作关系，长期受让某小贷公司的债权；另外，案涉《借款合同》虽然约定利息为月利率 1.2%，但蔡某自借款次日起即每日规律性地支付 1400 元，故本案还存在高利放贷规避审查的嫌疑。综合以上事实，可以认定某咨询公司与某小贷公司通过签订债权转让合同制造受让债权的假象，某咨询公司实质上系借用某小贷公司名义从事放贷业务，构成经营性机构放贷，依法应认定借款行为无效。因借贷行为无效，故对某咨询公司要求支付月利率 1.2%利息的诉讼请求不予支持，蔡某已经收取的借款应予以返还，同时应支付资金占用期间的利息损失。二审遂改判蔡某返还某咨询公司借款本金 81800 元并支付利息损失。

【典型意义】

银行业监督管理法第十九条规定，未经国务院银行业监督管理机构批准，任何单位或者个人不得设立银行业金融机构或者从事银行业金融机构的业务活动。该规定为维护国家金融管理秩序的效力性强制性规定，若经营性机构未取得国务院银行业监督管理机构批准从事银行业金融机构业务活动，其行为应认定无效。由于债权转让制度操作简单，成本低廉，在借款案件中常出现通过债权转让方式实现规避法律目的，以假意掩盖真意，因此，应树立金融审判穿透式审理理念，根据查明的案件事实对债权转让进行严格审查。

案例六

任某与某财产保险公司责任保险合同纠纷案

【关键词】

责任保险　免责条款　免赔声明

【受理法院】

平湖市人民法院（以下简称平湖法院）

【基本案情】

2020年6月25日，任某驾车与行人孙某发生碰撞，造成孙某受伤，经交警大队认定，任某负事故的全部责任，孙某无责任。事故发生后，任某为孙某垫付医疗费6.5万元。任某在某财产保险公司处投保了交强险、商业三者险150万元（含不计免赔）。事故发生时，任某的驾驶证未换证，行驶证逾期未年检，事发后，任某已完成驾驶证换证，事故车辆已通过年检。2020年12月3日，任某在某财产保险公司营业场所签署《放弃索赔声明书》一份，内容包括："……因本次事故不属于保险责任赔偿范围，且某财产保险公司承保时已经履行了明确告知义务，本人自愿放弃就上述事故交强险抢救费1万元以外其他交强险、商业险向贵公司索赔的权利及向人民法院起诉的权利，并由本人承担本次事故造成的全部经济损失。若因本次事故造成贵公司经济损失，贵公司有权向声明人进行追偿。"之后，某财产保险公司对交强险限额内的医疗费1

万元向任某进行理赔。

孙某与任某、某财产保险公司交通事故责任纠纷民事判决载明：某财产保险公司辩称因事故发生时，任某的驾驶证未换证、行驶证未经年检，故商业险内拒赔，并提供了商业险投保单、投保人声明、机动车综合商业保险条款手册相佐，经质证，任某认为投保单和投保人声明上的签字均非本人所签，某财产保险公司撤回上述两组证据。关于任某签署的《放弃索赔声明书》，责任保险的被保险人在未经受损害的第三者同意的情况下无权放弃第三者向保险人要求赔偿的权利，故认定某财产保险公司应赔付孙某 133446. 98 元，扣除其已支付的 1 万元，尚需支付的金额为 123446. 98 元，任某应赔付孙某 2600 元，因其已向孙某垫付 5. 5 万元，超额支付的 52400 元由双方自行结算，故判决由某财产保险公司赔偿孙某损失 71046. 98 元。另查，“驾驶人无驾驶证，驾驶证被依法扣留、暂扣、吊销、注销期间”及“发生保险事故时被保险机动车行驶证、号牌被注销的，或未按规定检验或检验不合格”的情况系保险条款约定的免责事由。现任某诉请要求某财产保险公司支付任某先行垫付的医疗费 52400 元，并撤销《放弃索赔声明书》。

【裁判理由】

平湖法院一审认为，任某签署的《放弃索赔声明书》中明确载明放弃索赔的理由为“本次事故不属于保险责任赔偿范围，且某财产保险公司承保时已经履行了明确告知义务”，但从机动车交通事故责任纠纷一案的审理情况可知，某财产保险公司主张事故发生时任某的机动车逾期未年检的情形属于保险免责事由，并为此出具投保单、投保人声明等证据材料，但在任某否认签名的真实性后，某财产保险公司即撤回了上述证据，也就是说，某财产保险公司并无相关证据可以证明其在订立保险合同时已就“机动车未按规定检验或检验不合格”的免责事由向任某尽到了提示和明确说明义务，该免责条款并未对任某发生效力，《放弃索赔声明书》的内容与事实不符。某财产保险公司是在本起事故尚未向受害者赔偿完毕且实际损失未确定的情况下即要求任某签署《放弃索赔声明书》，此时，某财产保险公司主张拒赔是否成立尚无定论，任某对其应承担的赔偿责任也尚缺乏充分判断，而任某自愿作出放弃索赔承诺的前提，是其相信某财产保险公司所称的“机动车逾期未年检”事实上会形成免赔事由，从而使某财产保险公司无须承担保险赔偿责任。在该前提不成立的情况下，任某基于此作出的承诺不能反映其真实意思，且实际上致使任某利益受损而保险公司从中获益，明显不符合公平原则。因此，案涉《放弃索赔声明书》并非任某的真实意思表示，且符合显失公平的情形，任某要求撤销符合法律规定，应予支持。故判决撤销《放弃索赔声明书》，某财产保险公司向任某支付保险金 52400 元。

【典型意义】

保险公司与投保人在事故处理过程中签订《放弃索赔声明书》，明确载明放弃索赔的理由为“本次事故不属于保险责任赔偿范围，且某财产保险公司承保时已经履行了明确告知义务”，对该《放弃索赔声明书》效力的判断，应回归保险合同本身，保险公司应就其是否已于投保时就免除责任条款进行充分提示说明进行举证，举证不能的，仍应当承担保险责任。实践中，可能存在保险公司为免予赔付，利用投保人对保险公司是否应当承担赔偿责任缺乏明确认识，而要求投保人签订免赔声明，主动放弃权利，甚至对保险公司存在瑕疵的承保行为以此种方式免除保险公司的责任，应当引起重视。

案例七

某村镇银行与某医疗公司等金融借款合同纠纷案

【关键词】

金融借款合同　罚息计算复利　利率明示

【受理法院】

湖州市中级人民法院（以下简称湖州中院）；安吉县人民法院

【基本案情】

某医疗公司与某村镇银行签订《企业流动资金借款合同》，约定某医疗公司向某村镇银行贷款279万元。某地板公司、郭某等为借款提供连带责任保证。后贷款逾期，某村镇银行起诉某医疗公司及某地板公司等担保人，要求归还贷款本金及利息、罚息，并主张罚息计算复利，主要依据是合同第10.1条约定“借款人未按时足额偿还贷款本金、支付利息或……，贷款人按照逾期贷款的罚息利率或挪用贷款的罚息利率计收利息并对应付未付利息计收复利”。

【裁判理由】

湖州中院二审认为，金融机构的借款合同系由贷款人单方拟定的格式合同，内容专业，条文翔实，经常长达数十页。对格式条款的理解发生争议的，应当按照通常理解予以解释。对格式条款有两种以上解释的，应当作出不利于提供格式条款一方的解释。本案中，借款合同多处涉及利息，但合同条款并没有进行加粗提醒，某村镇银行也未提供证据证明就利息、罚息、复利的收取标准向借款人进行了说明，且在合同中也没有明确约定罚息应计收复利。现某村镇银行认为合同约定了利息包括复利、逾期及挪用罚息，利息计收复利即包括罚息计收复利之义，该种解释加重了借款人的责任，有损金融消费者的合法权益，且案涉合同第 10.1 条约定也并不能当然地理解为罚息应当计收复利，故对某村镇银行关于罚息计收复利的主张不予支持。

【典型意义】

人民法院在审理金融纠纷案件中应当站稳人民立场，保护金融消费者合法权益，对金融机构没有明示的利率不予支持。在金融借款合同关系中，金融机构拟定的合同专业术语较多，应用通俗易懂的语言、简洁明了的结算方式让金融消费者清楚地知晓融资成本。《中国人民银行金融消费者权益保护实施办法》对金融消费者权益保护进行了明确规定，要求对利率、费用、收益及风险等与金融消费者切身利益相关的重要信息和关键的专业术语进行解释说明，并以适当方式供金融消费者确认其已接收完整信息。

案例八

A 公司与 B 公司、C 公司民间借贷纠纷案

【关键词】

民间借贷　章照共管　公司和股东利益

【受理法院】

绍兴市中级人民法院（以下简称绍兴中院）；新昌县人民法院

【基本案情】

2021 年 6 月 24 日，A 公司与 B 公司、C 公司签订《抵押借款合同》一份，约定 B 公司向 A 公司借款 5000 万元，借款期限为 2021 年 6 月 24 日至 2021 年 9 月 23 日，C 公司为 B 公司提供抵押担保。后 B 公司在借款期限（延期）届满后未能偿还借款且 B 公司财务状况恶化，经 A 公司多次催讨仍未能履行还款义务，A 公司遂起诉至法院。

根据 A 公司会议纪要，A 公司公章由 B 公司和 D 公司双方共管，存放于 A 公司保险箱内，由 B 公司保管密码，由 D 公司保管钥匙。审批流程完成后，由 A 公司总经理安排具体付款工作，审批流程仅针对某项目，未明确涉及本案借款的追索要经过 B 公司审批。B 公司称，A 公司实际控制人系 B 公司和案外人 D 公司，其行使法人权利前，必须得到实控人授权，即通过发起审批流程，再由双方人员共同启用章照。本案诉讼系 D 公司一手操办，以非正常手段获取章照，以合法手段损害相关方利益，实为 A 公司的投资人以诉讼之名企图损害另一名投资人的利益。

【裁判理由】

绍兴中院二审认为，民事主体不得滥用民事权利损害国家利益、社会公共利益或者他人合法权益。本案逾期未归还借款的事实清楚。B 公司和 D 公司作为间接持有 A 公司股权的大股东，约定“章照共管”及印章使用审批，其用意是通过权力制衡防止任一股东滥用或者不当行使股东权利损害公司和其他股东利益，同时亦约定各方应当无条件配合项目正常推进所需要的章照使用，任何一方不配合构成违约，即对股东滥用或者不当使用“章照共管”制度进行约束。本案 B 公司主张根据“章照共管”制度，A 公司起诉本案使用公章未经其审批同意，构成无权处分，该主张显然不符合“章照共管”的正当用意。同时，如果债权人公司起诉需要作为间接股东的债务人同意，换言之，公司要求股东还钱，还要股东同意才行，则构成对“章照共管”制度的滥用，显然严重背离立法宗旨，突破诚信底线，损害A公司和其他股东的利益。此外，法定代表人是代表法人从事民事活动的负责人，其以法人名义从事的民事活动，其法律后果由法人承受。本案中，A公司的法定代表人动意并认可本案起诉，其动意亦为为公司催讨债权，应为善意，故二审认为A公司主体适格，授权合法有效，不予采纳B公司的上诉请求，维持一审判决。

【典型意义】

“章照共管”是投融资过程中投资方的常见要求，其用意是通过权力制衡防止任一股东滥用或者不当行使股东权利损害公司和其他股东利益，同时亦约定各方应当无条件配合项目正常推进所需要的章照使用，任何一方不配合构成违约。本案明确了对该制度滥用情形的规制，即股东如以“章照共管”制度为由限制公司向股东起诉还款，则构成对“章照共管”的滥用，损害了公司和其他股东的利益，且作为公司对外从事民事活动的代表，亦应关注法定代表人的代表性问题。

案例九

林某与某财产保险公司、应某保险合同纠纷案

【关键词】

保险险种　提示说明　消费误导

【受理法院】

金华市中级人民法院（以下简称金华中院）；永康市人民法院

【基本案情】

因林某建房需要，由其女婿代为购买保险。某财产保险公司销售人员应某向其发送《农村建房险装修险拆房险》照片，林某女婿遂按要求将林某及承包人张某的身份证照片发送给应某。次日，应某又将《建筑施工合同书》照片发送给林某女婿，合同书载明委托建房方林某，承接施工方张某，施工项目名称为林某家建房及外墙装饰工程。同日，应某向林某女婿发送保险费付款码，付款码载明产品名称"××居（建房）高保额"，保费金额4000元，林某支付了保险费4000元。后应某通过微信向林某女婿发送了保险费发票及电子保单，电子保单载明险种为雇主责任险C款-SME；保障项目分别为意外身故、残疾和意外医疗费用，保障额度分别为每人赔偿限额80万元，每人医疗费用赔偿限额8万元；本保险仅承保施工员工及投保人在指定的施工区域内发生的意外伤害事故，除此以外的其他区域发生的事故，保险公司不承担责任等内容。林某将自建房承包给张某施工，张某承包方式为包清工，张某将其中的木工部分以64元/平方米的价格包给吴某施工，完成一层双方之间结算一层款项。2022年3月2日，吴某在林某家房顶操作吊机时从楼顶掉落并当场死亡。法院生效判决认定张某与吴某之间系承揽关系，并酌定吴某自负70%、张某承担20%，林某承担10%的赔偿责任，即由林某赔偿因吴某死亡所受的损失18万元。应某自认销售产品时报价单上未特别标明是雇主责任险，销售时未特别说明险种，亦未就保单免责事项向林某特别提示说明，并认可包工头下面的施工人员遭受意外伤害均能得到赔付。因某财产保险公司拒绝向林某理赔，遂成讼。

【裁判理由】

金华中院二审认为，在林某为了分担房屋建造过程中可能发生的风险欲进行投保时，应某将《农村建房险装修险拆房险》提供给林某女婿，其内容中并未出现“雇主责任险”字样，列明险种均为“意外伤害”和“意外医疗”，并仅要求提供房东及包工头身份信息和建房信息。后林某通过扫描应某发送的付款码支付保费，该付款码显示的产品名称为“××居（建房）高保额”。付款完成后，应某发送了电子保单及发票。应某作为保险产品的销售人员，明知林某为自建房购买保险，但其在销售保险产品时，并未就险种、免责事由等向林某特别提示说明，也未就林某投保的具体施工人员进行审核。案涉电子保单名称中无“雇主责任险”字样，虽在该电子保单的内容中载明“险种为雇主责任险C款-SME”，但并未加粗加黑，不足以引起投保人的注意。某财产保险公司也未就雇主责任险的概念、内容和法律后果对林某作出一般人能够理解的解释说明，应某在保险合同成立当天表示“只要施工人员每个人80万元”。故林某完全有理由相信在自建房的施工过程中任何施工人员因意外遭受伤害，某财产保险公司均会按约给付保险金。某财产保险公司未就案涉电子保单的险种及特定人员的限制尽到提示和明确说明义务，对林某不发生效力，某财产保险公司应当按约给付保险金，故维持了一审判决。

【典型意义】

在农村建房过程中，为减少意外事故造成的影响，房主往往会通过购买保险来分担风险。本案中，保险公司销售人员明知投保人将建房工程外包给他人施工，却在推荐险种时误导投保人，未就保险险种的概念、内容和法律后果告知投保人，未对免责事由等条款向投保人进行提示说明，造成投保人与保险公司对保险对象是指所有建房施工人员还是仅指投保人的雇员产生争议，导致房主的投保行为失去意义。实践中，应特别注意保险销售人员推荐险种时误导投保人、保单名称与实际险种不符、保险告知不明确等问题，因前述行为使投保人对保险人承担保险责任产生合理期待的，保险人应当承担保险责任。

案例十

肖某与某农商行合同纠纷案

【关键词】

民事主体信用评价　银行内部限制措施　措施的适当性

【受理法院】

丽水市中级人民法院（以下简称丽水中院）；遂昌县人民法院

【基本案情】

案外人张某（已死亡）向某县某基金会申请借款 2 万元，由肖某承担连带责任担保，保证期间为 1999 年 8 月 15 日至 2001 年 8 月 15 日。1999 年 10 月 10 日，某县某基金会工作人员在借出款核对清单末尾进行备注，主要内容为张某、肖某向其他基金会借款或担保情况。1999 年 10 月，某县某基金会的业务并入某县农信社，2017 年，更名为某农商行。张某生前未归还借款，肖某亦未承担保证责任。某农商行遂将肖某纳入浙江农信黑名单维护记录系统，该系统显示肖某的警戒级别为“控制”，原因系“为张某担保，为周某担保”（某农商行在庭审中确认周某的借款已经还清）；将肖某在该农商行的银行卡纳入止付措施（止付金额为 2 万元），卡内余额处于不能自由支取状态。为此，肖某起诉要求某农商行立即解除对其账户的止付措施，返还非法划扣的存款，立即撤销对其征信系统已采取的全部限制措施等。

【裁判理由】

丽水中院二审认为，虽然案涉张某申请贷款的借出款核对清单中备注栏载明“实质是肖某借款”等内容，但该备注内容系某农商行工作人员单方所记，记录时间迟于借款人、保证人签字时间，且肖某不予认可，某农商行亦未提交其他证据证明肖某系实际借款人，某农商行的主张不能成立。一审认定案涉借款的担保期限已过，某农商行无权向保证人肖某主张，并无不当。某农商行将肖某纳入浙江农信黑名单维护记录系统、采取止付措施的理由即“为张某担保”不能成立。虽然某农商行认为浙江农信黑名单维护记录系统属于银行内部系统，没有开放性，但在合同双方就肖某是否负有还款义务存在重大争议的情况下，某农商行对肖某采取的一系列措施导致其他民事主体对肖某保证责任的承担产生不当或错误认识，对事实上已超过保证期限的保证人肖某显为不公，影响了肖某在一定范围内的社会评价以及存贷款等相关金融业务。现某农商行对肖某采取相关措施的理由不能成立，某农商行应诚实公平地履行合同义务，及时解除案涉的相应措施。

【典型意义】

强调民事主体从事民事活动应遵循平等和公平原则，商业银行在借贷合同履行过程中，应尽量审慎、克制履行合同权利义务，在未征询当事人意见建议时，单方面将工作人员的反馈内容直接作为评价借款人或保证人信用的依据，并纳入银行内部限制系统，违反合同约定。突出对个人和企业信用评价信息的保护，我国现行法律法规并未对“信用评价人”进行限定，在商业银行能否作为信用评价机构尚存疑问的情况下，其单方随意评价民事主体的信用问题，在一定范围内侵犯了民事主体的个人信用权。规范商业银行对“不诚信”个人和企业采取措施的限制程度，商业银行的内部限制手段在实施前应有一定的程序限制，既要保证银行债权回收，也要保证依法依规，适度可控。

株洲法院2024年度十大破产案例

（2024年12月1日湖南省株洲市中级人民法院发布）

目　录

案例一

某房地产开发公司破产清算转和解案

【关键词】

房地产企业　破产清算转和解　府院联动　多元化偿债安排

【受理法院】

株洲市中级人民法院（以下简称株洲中院）

【管理人】

湖南某湘破产清算有限责任公司

【审理情况】

2019 年，某房地产开发公司因无法正常运营，向株洲中院提出破产重整申请。由于某房地产开发公司债权人迟迟不能与意向投资人达成有效重整计划，株洲中院于 2021 年依法裁定某房地产开发公司由破产重整转为破产清算。某房地产开发公司破产资产虽有 6000 万余元，但抵押资产占 5500 万余元，负债达 4.6 亿余元，若在清算状态下拍卖处置资产偿债，普通债权本金的模拟清偿率不足 10%。考虑到某房地产开发公司主要资产位于主城核心地段，周边无成熟商业体，具有良好的市场前景，企业虽暂时陷于危机，但潜力犹存，并且大部分债权人和债务人都希望通过非清算的方式处理本案，株洲中院将办理思路转为促成债权人和债务人达成和解。为促成和解的最终实现，管理人在法院指导下实施了“三步工作法”。第一步，做通抵押权人双峰县某小额贷款公司的工作，让其同意将优先受偿权由 3600 万余元调整至 1500 万余元，为顺利通过和解方案创造了前提条件。第二步，在和解方案中多维度设计了多元化的偿债安排，有效提高债权人清偿比例，职工债权 100%清偿，工程款优先债权 100%清偿，普通债权 150 万元以内的部分按照分得物业价值最高 100%回购，超出 150 万元的部分按照分得住房价值最高 100%回购，对分得商铺部分也有更优安排，从整体上平衡了各方权益，普通债权本金清偿率从清算状态下的 10%提高至 60%左右，大大提高了和解方案的可行性和操作性，使和解方案的通过率达到 95%以上。第三步，对极个别债权人的异议进行了针对性的研判，分批、分多次与债权人反复交流、充分探讨，通过实地测算对比法，消除债权人顾虑。和解方案表决期间，由投资人及战略合伙人以自有财产和商业信誉为和解方案提供多重担保，给犹豫不决的债权人最后打了一剂“强心剂”。最终，本案和解方案得到全体债权人一致认可，实现 100%的债权人通过。

【典型意义】

本案系湖南首次破产清算程序中实现债务人与全体债权人 100%达成和解的经典案例。为找到最合适的破产路径，株洲中院破产审判人员多次前往现场实地考察和反复验证，数度组织债权人、债务人、投资人各方召开意见交流会，通过“三步工作法”，逐层解决具体问题，全力推动和解工作，成功打消极少数债权人的信任危机，提振了债务人与全体债权人达成和解的信心，为和解方案能够全票通过打下了坚实的基础。

清算程序下通过和解方案，是人民法院、管理人、投资人及债权人、债务人多方聚力共同取得的成果，也是人民法院在法治框架下，充分发挥破产审判职能，服务保障民营经济发展的一次有益实践与重要尝试。株洲中院和破产管理人历时四年，克服层层压力，最终成功推动企业重焕新生，最大限度减少了广大债权人损失，为今后破产清算、破产和解案件审理起到了一定的示范和指引作用。

案例二

某房地产开发公司破产重整案

【关键词】

房地产企业　分离式处置　清算式重整　零信访

【受理法院】

株洲市中级人民法院（以下简称株洲中院）

【管理人】

北京某恒（长沙）律师事务所、湖南某汇时代破产清算事务有限公司

【审理情况】

某房地产开发公司开发的某地产项目质量好、销售佳，但因其上级集团公司通过关联交易将销售款项转移走，导致无法如期向近 700 户购房业主交付房屋。2023 年 9 月 11 日，株洲中院依债权人申请，决定对该公司进行预重整，并于同年 12 月 8 日裁定受理重整申请。公司名下主要资产均附着于同一宗土地，因未办理实际分宗，无法单独变价处置，而若要对该土地进行实际分宗将付出高额财务、时间成本，且分宗后能否处置成功、处置时间长短、处置价格均无法确定，从而最终无法

为项目续建及时提供资金或虽能提供但无法满足项目续建所需金额，导致该项目可能彻底烂尾，不但无法交付房屋，而且资产也会不断贬值。但由于各方利益关系复杂，第二次债权人会议上八个组别对重整计划草案进行表决时，有特定财产担保债权组、税款债权组、其他普通债权组经表决未通过。为保障“保交楼”不因缺乏续建资金而停工，管理人申请法院强制批准重整计划草案。2024 年 9 月 27 日，株洲中院组织召开府院联动会议，芦淞区防范化解某项目工作专班、债务人公司、管理人参加会议，会议决议以通过重整程序及“保交楼”政策筹资的方式，继续完成项目续建工作，优先保障购房业主交房、办证的合法权益。2024 年 10 月 25 日，株洲中院裁定批准重整计划草案。

【典型意义】

本案是“保交楼”政策背景下，人民法院切实发挥破产审判功能，通过府院联动机制化解群体性矛盾，“清算式重整”引入资金保障续建工作的典型案例。

一是区级最大舆情风险项目“零信访”。为落实省高院破产案件办理中防范信访维稳风险的指示精神，株洲中院迅速制定了规范性文件，要求管理人设专职维稳专干与政府专班一道定期召开购房户、施工方、建设方、专班四方会议，及时向购房户公示“保交楼”工作进度，充分保障购房户知情权，成功化解延期交房引发的群体性矛盾。本案有效衔接了管理人信访维稳处置机制与府院联动机制，对破产审判信访管控形成制度合力，为今后破产案件中办理信访工作提供了有益经验。

二是创新“分离式处置、清算式重整”。本案通过公开招募方式引进共益债投资人、兜底重整意向投资人，为项目提供资金保障。“分离式处置”是指将债务人公司分立成两家公司：一家公司承继公司原有全部债务、资产变价款，以依法清偿债务，最大程度减少债务人和投资人的负担；另一家公司由意向投资人通过兜底方式受让100%股权，使得公司继续存续，公司名下土地可在未分宗情况下继续开发，对价支付时间亦满足“保交楼”资金计划需求，不会因项目再次停工产生新的损失和纠纷。“清算式重整”则将“分立后公司100%股权”作为标的物，通过网络平台公开拍卖，有高于兜底意向投资人出价的，则出价最高者将被最终确定为重整投资人。通过此种重整模式，各类债权人的清偿比例不会低于破产清算程序中所能获得的清偿比例，既有利于通过潜在投资人的充分竞争来保障债务人资产价值的最大化，同时也能有效避免破产清算状态下资产拍卖变现带来的不确定性，从而保证续建工作能够顺利完成，进而提升项目整体价值，生动体现了重整制度的挽救、焕生功能。

案例三

某货架公司破产清算案

【关键词】

执转破　无产可破　个人管理人

【受理法院】

株洲市中级人民法院（以下简称株洲中院）

【管理人】

杨某

【审理情况】

某货架公司是一家经营超市货架及配套产品、仓库货架系列产品制作和销售的一人独资公司，经营规模不大，但因市场原因早已无经营能力，属于典型的“僵尸企业”。2023 年 10 月 18 日，深圳某银行以该货架公司不能清偿到期债务且现有资产不足以清偿全部债务为由，申请将其移送破产审查。株洲中院执行局经查证，未发现该公司有可供执行的财产，无法清偿全部债务，故于同年 10 月 23 日作出决定书，将某货架公司移送破产审查。株洲中院经审查认为，某货架公司经人民法院强制执行无法清偿债务，具有破产原因，且债权债务关系明确、案情相对简单，系无财产可破案件，故依法裁定受理破产清算申请，并秉持着繁简分流的审判理念，确定适用简易程序独任审理。同时，依据《株洲市中级人民法院破产案件管理人选任与管理若干意见（试行）》第四条第六款、第七条之规定，在管理人选聘公告中明确了个人管理人可参与申报，并确定使用摇号的选任方式，依法公开选定了个人管理人杨某担任本案管理人。

法院在合法合规的程序基础上，为提高工作效率，于裁定受理当日同时公告债权申报等事宜并确定召开第一次债权人会议时间。鉴于该案的唯一已知债权人及其代理人均在外地，第一次债权人会议采取现场和网络会议相结合的方式召开，高效完成了债权表核查等事项。会后，个人管理人依法向株洲中院申请宣告某货架公司破产并终结其破产清算程序。法院经审查后认为管理人的请求符合法律规定，于第一次债权人会议次日依法裁定宣告某货架公司破产并终结破产程序。

【典型意义】

本案系湖南省首例个人管理人承办的破产清算案件。株洲中院于

2022年创新制定了全省首个破产案件个人管理人名册管理办法，并与株洲市破产管理人协会通力合作，经协会积极组织申报和收集参评材料，最终选定了一批符合资质条件的人员编入《个人管理人名册》。该名册与株洲中院此前已出台的《株洲市中级人民法院关于破产案件简易程序审理的工作指引（试行）》和《株洲市中级人民法院破产案件管理人选任与管理若干意见（试行）》结合形成了完善的规范体系，共同为个人管理人办理无产可破的简易破产案件提供了法律依据，筑牢了合法基础。

破产案件个人管理人制度是解决执转破工作中执行程序与破产程序有效衔接的重要抓手。个人管理人制度在本案首次适用，实现执行、破产工作的双突破。一方面，执行转破产的案件在执行程序中即对被执行人财产进行全面清查，能够充分了解被执行人资产状况，尽早将已经资不抵债、符合企业破产法规定的破产条件的被执行人移送破产程序，从而终结执行程序，使得因无财产可供执行导致执行难的问题得到解决，化解执行积案；另一方面，在拓开“执破融合”通道的基础上，因案制宜适用简易程序和个人管理人制度，降低了破产启动门槛和费用成本，实现快审快结，从而加速“僵尸企业”出清，优化营商环境，促进市场良性健康运行，实现法律效果、经济效果和社会效果的有机统一。本案仅用时31天审结，成为执转破机制、破产简易程序和破产案件个人管理人制度“三力齐发”的典型，为其他个人管理人申报与办理破产清算案件提供了宝贵经验。

案例四

某传媒中心破产清算案

【关键词】

执转破　无产可破　网络公司　宣传陷阱　审判追踪

【受理法院】

株洲市中级人民法院（以下简称株洲中院）

【管理人】

湖南某一（株洲）律师事务所

【审理情况】

某传媒中心成立于2023年2月24日，自成立后不久即在株洲两级法院有多个诉讼、执行案件，经株洲中院执行局筛查、研判，向债权人进行释明后，某传媒中心的一位申请执行人向执行案件所在的石峰区人民法院（以下简称石峰法院）提出破产清算申请，石峰法院裁定移送破产审查后，申请由株洲中院提级审理。株洲中院于2024年8月31日裁定受理对某传媒中心的破产清算申请。2024年11月4日，某传媒中心破产清算案召开第一次债权人会议，经调查未发现有实际可供分配财产，管理人以某传媒中心无力偿付破产费用，亦无可供分配的破产财产为由，申请宣告某传媒中心破产。株洲中院于11月21日作出裁定，宣告某传媒中心破产并终结某传媒中心破产清算程序。

【典型意义】

某传媒中心成立以来通过高收入、高回报、高利润的承诺在网络上吸引多人报名其抖音（抖店）账号打造、推广引流、抖音卖货课程，但其实际提供的课程远无法达到宣传效果，无法为购课学员带来实质收益。某传媒中心虽注册成立在株洲市石峰区，但其通过抖音、百度等多个用户众多的网络平台进行卖课宣传，影响范围广大。株洲中院自某传媒中心相关诉讼案件审理阶段起便开始关注其涉诉、执行情况，发现该企业已未实际经营且无力清偿债务，及时引导债权人申请破产清算，通过破产程序将其及时出清，消灭这一“名存实亡”的经营主体，从根源上杜绝更多的诉讼、执行案件产生。同时，考虑到某传媒中心的网络营销业务影响广泛，经宣告破产并终结破产清算程序后，在企业法定代表人或实际控制人“销声匿迹”、企业“人去楼空”的情况下，可由管理人及时前往市场监督管理部门将其注销，避免更多无辜的人踩入其宣传陷阱，对此类有损人民群众财产安全的企业进行清理，亦能形成警示效果，净化市场。本案在审判环节提早识别风险，加强破产前端指导，深化审判、执行和破产程序的有效衔接，切实发挥破产审判一揽子解决纠纷的终局作用，助力优化营商环境。

案例五

某矿业公司破产清算案

【关键词】

执转破　府院联动　共益债务　生态修复

【受理法院】

攸县人民法院（以下简称攸县法院）

【管理人】

湖南某星（株洲）律师事务所、株洲某遥律师事务所

【审理情况】

某矿业公司因经营不善，加之煤炭行业调整改革，于 2019 年停产，并于 2021 年 12 月签订关闭退出协议。攸县法院受理涉该公司的执行案件数十件，总负债金额过亿元。后某矿业公司因资不抵债被移送破产审查，攸县法院于 2022 年 8 月 26 日裁定受理破产清算申请。受理破产申请后，攸县法院民二庭与执行局法官共同组成合议庭对案件进行研判，经审查发现该企业负债金额大、债权人数量多、矛盾纠纷尖锐、信访风险高、在当地遗留问题复杂，且涉及生态环境问题。

本案中，攸县法院积极运用府院联动机制解决了诸多难点问题。一是联系财政局和当地党委、政府，积极协调关闭补偿款的支付；二是针对当地群众提出的修复生态诉求，积极与基层组织协商后安排专项资金 50 余万元作为共益债务，处置矿区废石、河道、农田等环境问题，保障当地的生态安全；三是针对厂房、办公用品、设备等难以变现的固定资产，结合实际利用价值，经评估后通过以物抵债的方式由当地村组接收，并通过债权人会议认可；四是对于产能交易价款，为提高财产处置效率，委托执行局提取价款 1000 余万元，并及时移交管理人；五是引导税务局进行清税申报，同时监督管理人主动核查，清缴税款 90 余万元。

【典型意义】

攸县原系产煤大县，煤矿数量多，规模大小不一，企业组成结构复杂，债权债务关系难以厘清。近年来，因产业调整，大量煤矿企业面临关闭退出时仍有累累负债和诸多遗留问题。本案通过破产程序处理煤矿关闭问题能为后续有效清理煤矿提供全新的思路，达到“破产一家、宣传一片”的效果。

一是破产不破生态，将绿色发展融入破产审判全过程。法院在办理破产过程中秉持“人不负青山，青山定不负人”的环保理念，指导管理人对破产企业生态环境情况进行全面调查识别，从废弃设备拆除、污染修复治理等方面，积极探索将生态环境治理修复费用认定为共益债务的可行性，实现生态保护与债权人权益保护的统一。

二是破产不破价值，最大限度发掘现有财产效用。法院根据企业具体财产状况制定财产管理、变价方案，在征求债权人的意见的基础上，可以对难以变现的财产适时采取以物抵债的方式进行清偿，解决资产处置困难的问题。

三是破产不破权益，多方聚力共谋保护与发展。用好“执破融合”机制、用活府院联动协调机制，形成内、外部工作合力，实现各方力量在思想和目标上的统一，共同保障债权人权益。

案例六

某置业公司破产清算案

【关键词】

府院联动　破产企业税务注销　纳税信用修复

【受理法院】

株洲市石峰区人民法院（以下简称石峰法院）

【管理人】

湖南某启律师事务所

【审理情况】

某置业公司是一家经营房地产开发等业务的有限责任公司。2014 年 8 月 4 日，石峰法院裁定受理该公司破产清算。该公司在进入破产程序前，其异常经营已持续一段时间，被税务机关经法定程序认定为非正常户，其税务登记证件、发票领购簿和发票的使用已被暂停。税务局以公司账户荒废为由拒绝开具增值税发票，也无法缴纳税费、罚款。然而，为处置债务人破产财产需要变卖其房产，但没有增值税发票就无法办理不动产登记证书。为此，石峰法院多次同石峰区政府有关部门召开联席会议协调处理涉税事宜，破产管理人也多次与石峰区税务局沟通联系，同时将情况汇报到株洲中院。在株洲中院的精心指导下，石峰法院与石峰区政府、石峰区税务局积极协调沟通，打破办理涉税事务的固有程序，税务局激活了公司账户并为其开具增值税发票，解决了税票问题，促成了破产财产有效处置。

【典型意义】

破产案件涉税事项处理一直是破产审判中的重点和难点。破产公司注销时一般会涉及欠税、拖欠滞纳金、罚款等内容，并产生“死欠”核销、税收滞纳金、罚款等新的问题。税务机关通常认为破产企业未解决应纳税款、滞纳金和罚款问题，不予办理税务注销，而本案为税务非正常户企业在破产程序中解决清税难题创造了有益范本。

一是“由寡及众”，充分发挥府院联动机制作用，人民法院积极与税务部门沟通，共商破除“账证票”停用状态的办法，实质性打通具体操作中的堵点。

二是“由表及里”，以具体案件的办理成果鼓励和引导破产企业增强依法诚信纳税意识。对主动纠正纳税失信行为的破产企业，各级税务部门可以及时在规定期限内为破产企业办理纳税信用修复。

三是“由点及面”，以个案促推广，以制度促落实。石峰法院和石峰区税务局以本案为契机，就近年来在破产案件审理中遇到的涉税问题进行充分磋商论证，联合发布了《株洲市石峰区人民法院、国家税务总局株洲市石峰区税务局关于便利企业破产税务办理操作流程（试行）》。该操作流程重点围绕企业破产清算程序中的税收征管、破产重整企业纳税信用修复和破产清算终结后的税务注销等作出明确规定，终局性地解决了破产管理人代开发票、重整企业纳税信用修复、税务注销障碍等问题。

案例七

某电商服务公司破产清算转和解案

【关键词】

执转破　小微企业　法定代表人代为清偿债务　破产和解

【受理法院】

株洲市荷塘区人民法院（以下简称荷塘法院）

【管理人】

湖南某星（株洲）律师事务所

【审理情况】

某电商服务公司因未按时履行付款义务，其债权人株洲某置业投资公司向荷塘法院申请强制执行，在执行后发现其名下无可供执行财产，债权人随即申请某电商服务公司破产清算。2024 年 6 月 7 日，荷塘法院裁定受理该破产清算，并摇珠指定了破产管理人。清算期间，某电商服务公司向荷塘法院提交了和解协议草案，其法定代表人周某自愿以 3 万元人民币为限作为偿还债务的主要来源。经表决，全体债权人均同意该和解协议。2024 年 10 月 24 日，荷塘法院依照企业破产法第九十七条、第九十八条的规定，裁定认可某电商服务公司和解协议并终止和解程序。

【典型意义】

在破产清算过程中，对于仍具有运营能力的困境企业，人民法院可通过重整、和解程序等实现对企业的挽救，也可以引导债务人在破产程序中解决或缓解债务问题，消除破产原因，终结破产程序。依据企业破产法第九十八条的规定，债权人会议通过和解协议的，由人民法院裁定认可，终止和解程序，并予以公告。第一百零八条规定，如在破产宣告前，第三人为债务人提供足额担保或者为债务人清偿全部到期债务，则债务人破产原因消除，人民法院应当裁定终结破产程序。本案中，债权人同意由法定代表人代为清偿债务，破产原因消除，企业得以免于破产，同时也最大限度减少了债权人损失。本案系在清算程序中债权人和债务人达成和解的成功案例，为今后中小微企业破产案件审理起到了积极的示范作用。

案例八

某铁路物资公司破产清算案

【关键词】

执转破　破产企业注销登记　清税　府院联动

【受理法院】

株洲市石峰区人民法院（以下简称石峰法院）

【管理人】

湖南某启律师事务所

【审理情况】

某铁路物资公司因无法清偿到期债务，2022 年 8 月 22 日，其债权人袁某某向石峰法院提出执行案件移送破产审查申请。2022 年 9 月 20 日，石峰法院裁定受理该破产清算申请，经公告选任后指定管理人。

经管理人调查，某铁路物资公司已停产、停业多年，实际未在其工商登记所在场所营业，股东均已死亡。管理人完成公司的清税事宜后，向原登记机关办理注销登记，但由于法定代表人失联、登记股东均已死亡，管理人并未接管到公司营业执照及印鉴等。在办理注销登记时，株洲市石峰区市场监督管理局要求缴回公司的营业执照正副本再办理工商注销登记。对此，管理人依据株洲市中级人民法院和株洲市市场监督管理局联合发布的《株洲市石峰区人民法院、株洲市石峰区市场监督管理局关于企业破产相关登记操作规范（试行）》多次到石峰区市场监督管理局申请工商注销登记，穷尽一切送达方式后，管理人登报公告挂失执照和公章。管理人向石峰区市场监督管理局提交遗失公告报样、垫付罚款后顺利完成公司注销登记。

【典型意义】

为建立健全制度化、常态化的企业破产处置协调联动机制，统筹协调解决企业破产处置工作的变更注销等问题，石峰法院、石峰区市场监督管理局依托府院联动机制通力配合、高效联动，在本案破产注销登记工作经验的基础上，根据石峰区区情共同制定、出台《株洲市石峰区人民法院、株洲市石峰区市场监督管理局关于企业破产相关登记操作规范（试行）》。破产企业管理人向登记机关申请注销登记时，仅需提交企业注销登记申请书、人民法院宣告债务人破产和终结破产程序的民事裁定书、税务机关出具的清税证明，或者人民法院出具的税务处置情况证明、公司营业执照等材料，企业破产相关登记中营业执照遗失的，提交遗失公告报样即可。该举措畅通了破产企业退出市场渠道，解决了破产企业退出市场工作中营业执照无法缴回、公章遗失等问题，提高了办理破产企业变更注销手续的效率，为破产企业退出市场提供了更为便捷高效的途径，有效化解了企业破产过程中的矛盾隐患，助力“僵尸企业”快速出清。此外，石峰法院通过破产管理人援助基金，为管理人垫付本案相关费用提供后续保障，既打消了管理人的履职顾虑，也提高了执转破制度的生命力。本案的审理，为“无产可破”“无迹可查”“难以正常注销”的同类案件作出了有益探索与实践。

案例九

某旅行社公司破产清算案

【关键词】

股东申请破产清算　吊销未注销　僵尸企业清理　执转破

【受理法院】

株洲市天元区人民法院（以下简称天元法院）

【管理人】

湖南圣某达联合会计师事务所

【审理情况】

2020年6月24日，株洲市天元区市场监督管理局作出吊销某旅行社公司营业执照的行政处罚，该公司自此一直处于经营停滞状态，实为“僵尸企业”。某旅行社公司因被吊销营业执照而出现解散事由，但一直未进行清算，且根据长沙市中级人民法院（2020）湘01执1417号之一执行裁定书，某旅行社公司经法院执行后仍未能清偿到期债务，其符合不能清偿到期债务且明显缺乏清偿能力的情形，已具备破产原因。2024年7月，某旅行社公司的股东向天元法院提出破产清算申请。申请人作为依法负有清算责任的人员，有权申请对某旅行社公司进行破产清算，天元法院依法裁定予以受理，本案顺利进入破产程序并已宣告破产。

【典型意义】

现实中，已吊销但未注销的“僵尸企业”一直大量存在，赋予股东对已经不能清偿到期债务的“僵尸企业”申请进入破产清算程序的权利，通过破产程序对已吊销未注销的企业宣告破产，不仅是对企业个体的一种法律行为，更是对整个市场经济秩序、资源配置、法制环境和社会稳定的重要贡献。

一是可以充分发挥破产审判对化解执行案件的促进功能，解决“执行难”问题，推动“僵尸企业”进入破产程序，终局性化解执行案件。

二是及时清理丧失经营价值的企业，实现市场主体优胜劣汰，为有竞争力的企业创造更加公平、干净的营商环境。

三是维护市场经济秩序、化解债务风险。确保企业退出市场的合法性和有序性，避免资源的无效占用和浪费，促进市场资源的合理配置。对无法继续经营的“僵尸企业”，可以有效地清理债权债务，减少社会经济中的不良资产，降低金融风险，维护金融市场稳定。

同时，债务人往往怠于履行企业注销的义务，类似具备注销条件而未注销的企业可参考本案做法，积极寻找、通知股东履行清理企业的义务，促进“僵尸企业”的清理和退出。此外，在府院联动机制的运行下，法院可以与市场监督管理部门联动，通过市场监督管理部门清查本地区已吊销未注销的企业，结合执行部门对上述企业存在的终本案件的查询结果，继而推动更多“三无”企业进入破产程序，实现大范围的“僵尸企业”清理，助力优化区域营商环境。

案例十

某科技公司破产清算案

【关键词】

小微企业　执转破　股东补足出资

【受理法院】

炎陵县人民法院（以下简称炎陵法院）

【管理人】

湖南某一（株洲）律师事务所

【审理情况】

某科技公司注册资本为100万元，实收资本为70万元，其股东常州某科技公司实缴资本70万元，张某某（台湾居民）认缴出资30万元。某科技公司由于经营管理不善，导致财务状况持续恶化，到2019年，生产经营业务已基本全面停止，严重亏损，资不抵债，无力清偿到期债务。2023年4月23日，申请人湖南某科技有限公司以某科技公司资不抵债、无力清偿到期债务为由向炎陵法院提出执行移送破产审查申请。2023年4月25日，炎陵法院执行局决定将某科技公司移送破产审查。2023年5月26日，炎陵法院裁定受理某科技公司的破产清算申请。2023年9月22日，管理人召开第二次债权人会议，债权人表决同意《破产财产分配方案》。同年9月26日，管理人向炎陵法院提出申请称，某科技公司破产财产已经分配完毕，请求终结某科技公司破产程序。炎陵法院于 2023 年 9 月 28 日终结某科技公司的破产清算程序。

【典型意义】

本案中，炎陵法院通过和管理人紧密配合、细致调查，发现其中一个股东张某某（台湾居民）认缴出资 30 万元但并未实际出资，根据企业破产法第三十五条的规定，人民法院受理破产申请后，债务人的出资人尚未完全履行出资义务的，管理人应当要求该出资人缴纳所认缴的出资，而不受出资期限的限制。因此，管理人向股东张某某发出《出资通知函》，随后张某某向管理人银行账户补足出资 30 万元。

受经济环境下行影响，许多小微企业出现财务危机、经营困难，如果简单“一破了之”，让债务人逃避债务，债权人的利益会受到极大损害。对尚未履行出资义务的股东进行出资催缴，不仅可以维护债权人的利益，还可以让应当承担责任的债务人充分地承担责任。本案中，人民法院和管理人积极履职，成功找到股东补足出资，充分体现了破产程序促进资源优化配置、平等保护债权人权益的独特程序价值。

法答网精选答问

法答网精选答问（第十四批）

——仲裁司法审查专题

问题1：人民法院受理民事诉讼案件后，被告以当事人之间有书面仲裁协议为由提出异议申请，人民法院审查认为异议理由不能成立，应以何种形式处理当事人的异议申请？是否需要书面通知当事人？

答疑意见：有效仲裁协议排除人民法院管辖是我国民事诉讼法和仲裁法确立的一项基本原则。依据民事诉讼法和仲裁法规定，当事人有权以双方存在仲裁协议为由向受诉人民法院提出异议。需要注意的是，此异议是关于纠纷由仲裁处理还是由法院受理而产生的争议，不同于民事诉讼法规定的管辖权异议。对此异议的处理，有两种结果：一是异议成立，即仲裁机构或者仲裁庭有管辖权，法院应当裁定驳回起诉。对此，仲裁法第二十六条和《最高人民法院关于适用〈中华人民共和国民事诉讼法〉的解释》（以下简称《民事诉讼法解释》）第二百一十六条第二款均有明确规定。二是异议不成立，即仲裁机构或者仲裁庭无管辖权，该民事案件属于人民法院受理民事案件的范围。对此，人民法院应当以何种形式处理当事人的异议申请，是裁定驳回异议申请还是通知当事人，法律并未明确规定，实践中也存在争议。考虑到异议的处理是确定民事案件是否属于人民法院主管的先决问题，为充分保障当事人的诉权，在异议不成立的情形下，应当参照适用管辖权异议不成立的规定处理，即裁定驳回当事人的异议，而不能以通知方式进行处理。另需注意的是，就仲裁协议效力提出异议的期限为人民法院首次开庭前，而不是民事诉讼法第一百三十条规定的提交答辩状期间。

咨询人：李剑/广西壮族自治区梧州市中级人民法院立案庭

答疑专家：张梅/最高人民法院民四庭

问题 2：人民法院以当事人超过申请撤销仲裁裁决的期限为由作出驳回申请的裁定，该类裁定能否上诉、能否申请再审？如允许上诉、申请再审，该类裁定同时包括撤销仲裁裁决事由审查内容的，应如何处理？

答疑意见：根据仲裁法第五十九条的规定，当事人申请撤销裁决的，应当自收到裁决书之日起六个月内提出。当事人超过六个月期限提出撤销仲裁裁决申请的，由于不符合人民法院受理申请撤销仲裁裁决案件的条件，应当裁定不予受理，已经受理的，应当裁定驳回申请。此类裁定属于程序性驳回的裁定，不同于进入仲裁司法审查程序后人民法院根据仲裁法规定的应予撤销仲裁裁决的法定事由进行审查作出的裁定。根据《最高人民法院关于审理仲裁司法审查案件若干问题的规定》第七条、第八条、第二十条的规定，对于不予受理的裁定、因不符合受理条件而驳回申请的裁定，申请人可以上诉，也可以申请再审。据此，对于因当事人超出申请撤销仲裁裁决期限而不予受理或者被驳回申请的裁定，当事人均可以上诉，也可以申请再审。

申请人申请撤销仲裁裁决，人民法院受理后认为已经超过六个月期限的，应当直接裁定驳回申请，无须对当事人提出的撤销仲裁裁决事由进行审查。人民法院同时进行了审查并裁定驳回申请的，人民法院在上诉、再审审查程序中仅限于审查原裁定对超出撤销仲裁裁决申请期限的认定是否正确，对申请撤销仲裁裁决理由是否成立等问题不需予以审查。

咨询人：张建清/广东省高级人民法院民四庭

答疑专家：李光琴/最高人民法院民四庭

问题 3：申请承认和执行外国仲裁裁决的期间，是诉讼时效还是除斥期间？人民法院是否应当主动依职权审查？当事人仅申请承认而未同时申请执行，申请执行期间是否重新起算？

答疑意见：首先，申请承认和执行外国仲裁裁决的期间，适用诉讼时效的规定。根据《民事诉讼法解释》第五百四十五条第一款的规定，当事人申请承认和执行外国仲裁裁决的期间，适用民事诉讼法第二百五十条的规定，即申请执行的期间为二年。申请执行时效的中止、中断，适用法律有关诉讼时效中止、中断的规定。

其次，人民法院不应依职权主动审查当事人是否超过申请承认和执行的期间。民法典第一百九十三条规定，人民法院不得主动适用诉讼时效的规定。《最高人民法院关于审理民事案件适用诉讼时效制度若干问题的规定》第二条规定，当事人未提出诉讼时效抗辩，人民法院不应对诉讼时效问题进行释明。因此，被申请人未以超期为由提出抗辩的，人民法院不应主动审查申请承认和执行期间是否届满。

最后，关于申请人仅申请承认而未同时申请执行，申请执行期间是否重新起算的问题。根据《民事诉讼法解释》第五百四十五条第二款的规定，申请执行的期间自人民法院对承认申请作出的裁定生效之日起重新计算。因为承认和执行外国仲裁裁决，是一个既有联系又有区别的问题，承认是执行的前提，但是承认并不一定必然伴随执行，当事人可以仅申请承认而不申请执行。当事人先申请承认，其后又申请执行的，就会产生两个期间：一是申请承认外国仲裁裁决的期间；二是裁定承认后申请执行的期间。这两个期间应该按照诉讼时效的规定分别计算。

咨询人：陈亮/江苏省高级人民法院民四庭

答疑专家：马东旭/最高人民法院民四庭

问题 4：当事人约定争议提交"某方所在地仲裁委员会"或者"当地仲裁委员会"，其中"所在地"或"当地"的范围应如何理解？如果"所在地"或"当地"所在区（县）没有仲裁委员会，或者"所在地"或"当地"既有本地设立的仲裁委员会又有其他仲裁委员会设立的分会等分支机构，该仲裁协议是否有效？

答疑意见：关于"所在地""当地"的理解问题。依据仲裁法第十六条、第十八条的规定，仲裁协议应当约定明确的仲裁机构，没有约定仲裁机构或约定不明确，且达不成补充协议的，仲裁协议无效。实践中，经常遇到当事人在约定仲裁协议时对仲裁机构表述不准确、约定过于简单的瑕疵仲裁协议。对此，《全国法院涉外商事海事审判工作座谈会会议纪要》第 93 条规定："根据仲裁法司法解释第三条的规定，人民法院在审查仲裁协议是否约定了明确的仲裁机构时，应当按照有利于仲裁协议有效的原则予以认定。"因此，在判断双方约定的"所在地""当地"仲裁委员会时，不应拘泥于所使用的文字，而应当按照有利于仲裁协议有效的原则进行解释。结合当事人陈述以及合同的签订和履行情况等，足以明确"所在地""当地"所指向地点的，可以据此认定当事人约定的仲裁机构为指向地点的仲裁委员会。例如，所涉合同纠纷为建设工程承包合同纠纷，一般可以认定约定的"当地"仲裁委员会为工程所在地仲裁委员会。又如，纠纷双方住所地在同一地的，一般可以认定约定的"所在地"仲裁委员会为双方共同住所地的仲裁委员会。

关于第二个问题。根据仲裁法的规定，仲裁机构不按行政区划层层设立。因此，实践中经常出现合同约定的"所在地"或"当地"没有设立仲裁委员会。在这种情况下，一方面，应当根据尽量有利于认定仲裁协议有效的原则予以解释，如果合同约定的区、县、未设区的市的上一级市设有仲裁委员会，则可以认定双方约定的仲裁机构为该上一级市设立的仲裁委员会；如果上一级市也未设立仲裁委员会，但所在省有且仅有一个仲裁委员会，亦可以认定双方约定的仲裁机构为该省仲裁委员会，此有利于尊重并实现当事人的仲裁意愿。另一方面，如果当事人约定的“所在地”或“当地”指向的市有两家仲裁委员会，或者当事人“所在地”或“当地”所在区、县、市的上一级市没有设立仲裁委员会，而所在省设有多家仲裁委员会，且当事人不能就选择其中一家仲裁委员会补充达成一致意见，则应当根据仲裁法第十八条的规定认定案涉仲裁协议无效。

实践中，还存在“当地”登记设立有一家仲裁委员会，但另有其他仲裁委员会在该地设立分会等分支机构的情形。当事人以该“当地”存在两家仲裁机构为由主张案涉仲裁协议无效的，考虑到仲裁委员会分会等分支机构受理案件、开展仲裁程序以及出具裁决书系以其所归属的仲裁机构的名义进行，故仲裁委员会分支机构一般不应认定为“当地”的仲裁机构。在没有其他证据足以证明当事人合意约定将争议提交某仲裁委员会分会仲裁的情况下，应当认定当事人的真实意思表示是将争议提交当地的仲裁委员会仲裁，案涉仲裁协议有效。

咨询人：黄鑫/上海市高级人民法院海事及海商审判庭

答疑专家：马晓旭/最高人民法院民四庭

新类型疑难案例选评

上海回力鞋业有限公司诉王某宇侵害商标权及不正当竞争纠纷案

傅时杰　林江舟*

【裁判要旨】

销售正品商品时，因系商标权权利用尽而不构成商标侵权，但在正品商品上通过添附图案、虚构品牌联名或者攀附字号等方式提升营销数据时，则可能引发消费者混淆、误认，因而构成侵权。添附的图案足以引起商品标识的修改、毁损的，构成商标侵权，而通过编造虚假事实引发消费者混淆、误认的，构成不正当竞争。

【案例索引】

一审：浙江省瑞安市人民法院（2023）浙 0381 民初 8955 号（2024 年 7 月 31 日）

【基本案情】

原告上海回力鞋业有限公司（以下简称回力公司）诉称：原告在

* 作者单位：浙江省瑞安市人民法院。

淘宝平台上发现由被告王某宇开设的名为“某工作室回力爆改鞋”的店铺中销售带有“回力”字样的鞋子，其店铺名称、产品关键词、参数介绍及实物均为“回力”品牌，单链接销售数量高达 2 万多件。原告回力公司遂通过公证进行了证据保全。原告认为，被告王某宇销售的“回力”鞋类非原告回力公司生产或授权生产，系假冒商品，构成商标侵权；被告王某宇在明知原告企业字号“回力”极具知名度的情况下，未经许可在其网店店铺名称、店铺首页使用“回力”字样，构成对原告“回力”字号的不正当竞争；被告王某宇销售的链接名称中标有包括“回力 ow 联名皮卡丘”在内的 13 款“回力 ow 联名”鞋子，会使消费者误认为案涉联名款商品来源于原告回力公司，造成消费者对商品来源的混淆，属于内容不实的虚假宣传，亦构成不正当竞争。故原告回力公司诉请法院判令王某宇立即停止侵害原告第 10705820 号“回力”、第 10705846 号“ ”、第 32098016 号“ ”商标的注册商标专用权，并销毁库存侵权产品；立即停止侵害原告回力公司企业字号及虚假宣传的不正当竞争行为；赔偿原告经济损失及合理维权费用共计 30 万元等。

被告王某宇辩称：（1）被告出售的“回力”鞋子以正常的价格购得，是正品，未侵犯原告的商标权。（2）被告的商铺字号是“某工作室”，在该名称后面加上“回力爆改鞋”字样，只为说明该工作室性质，并非将“回力”作为店名使用，不可能造成消费者混淆、误认；被告在“回力”鞋上加贴或绘制图样，属于售后服务，消费者有权给自已购来的鞋子加上图样，被告没有丑化、诋毁“回力”鞋而是对其进行美化；被告在商品标题处使用“回力”字样，是因为其销售的为“回力”正品鞋，“ow 联名”是网络热搜词，属于众所周知的事情，不存在虚假宣传。因此，被告不构成不正当竞争。（3）被告销售的是“回力”正品鞋，没有给原告回力公司造成损失，反而为其创造了更多的收益，故被告不应承担赔偿责任。

法院经审理查明：原告回力公司系成立于 2000 年 4 月 30 日的有限责任公司，其享有第 10705820 号“回力”、第 10705846 号“”、第 32098016 号“”等注册商标，核定使用在第 25 类鞋、运动鞋等商品上。上述商标及原告曾先后获得多项荣誉称号。

案涉淘宝、淘宝特价版平台开设的“某工作室回力爆改鞋”店铺系被告王某宇经营，店铺内商品系从某科技公司、某猴公司处采购。淘宝平台店铺内有 13 款名称中带有“回力……联名”字样的商品链接，商品详情页面显示品牌为“回力”，销售数量颇高。审理过程中，原告明确公证取证的“回力”鞋系正品鞋。

【审判】

法院生效裁判认为，原告回力公司因受让或注册取得第 10705820 号“回力”、第 10705846 号“”、第 32098016 号“”注册商标，成为该注册商标专用权人，且该商标尚在保护期限内，原告的注册商标专用权应受法律保护。根据商标权权利用尽原则，商品通过正规渠道进入市场后，尽管商品仍附着商标，但商标权利人针对该商品的商标权利已用尽，商品再次转售时一般不应受到不合理的限制，故本案不构成商标侵权。但被诉行为使被告王某宇不正当地获得竞争优势，故构成对原告回力公司的不正当竞争。

浙江省瑞安市人民法院于 2024 年 7 月 31 日作出（2023）浙 0381 民初 8955 号民事判决：（1）被告王某宇立即停止侵犯原告回力公司企业字号的不正当竞争行为，即停止在淘宝、淘宝特价版平台店铺名称中使用“回力”字样；（2）被告王某宇立即停止在淘宝、淘宝特价版平台店铺的商品链接名称中使用“回力……联名”字样的虚假宣传行为；

(3) 被告王某宇于本判决生效之日起十日内赔偿原告回力公司经济损失（含合理费用）3万元；(4) 驳回原告回力公司的其他诉讼请求。

一审宣判后，双方当事人均未上诉，本案判决现已生效。

[评析]

虚假品牌联名的侵权认定

随着消费由满足需求型向追求个性型转变，很多经营者会对他人商品进行个性化加工再进行销售，如（虚假）品牌联名、添附特有装潢等行为，以凸显商品的独特之处，成为提高市场竞争力的重要营销模式。然而，加工后再销售的行为极易引发侵权行为，阻碍市场健康发展，而有限的法律规范难以完全规范形式多样的仿冒行为，因而引发司法适用的困境。本案主要涉及正品商品添附图案是否构成商标侵权与不正当竞争两方面。

一、正品商品上添附图案是否构成商标侵权

（一）是否适用商标权权利用尽原则

商标权权利用尽原则，一般是指商品通过正规渠道进入市场后，尽管商品仍附着商标，但商标权利人针对该商品的商标权利已用尽，无权干预或禁止他人在市场上进行转售或再销售该商品。该原则的宗旨是在保护商品生产者的商标专用权的同时，兼顾销售者和一般消费者的合法利益，促进商品流通，维护正常的市场交易秩序。因此，“原厂产品”一词在该原则中应被广泛理解，即产品的质量、规格、性能、外观和售后服务应与产品首次销售时一致。如果商品在转售过程中性质发生变化，商标权权利用尽原则的适用可能会受到阻碍。例如，在之宝（ZIP-

PO）打火机案①中，被告对带有“ZIPPO”标识的打火机进行了激光加工，加工后的打火机附着了正品打火机原本不具有的图案、装饰，打火机的整体外观有了较大的改变，已经构成实质性改变，被告的行为应被认定为构成侵犯商标权。而本案中，被告提供的证据显示其销售的商品有正规的进货渠道，原告确认被告进货的两家公司属于其授权的经销商，且认可公证取证的案涉实物系其正品“回力”牌鞋子，故认定被告店铺所销售商品系“回力”牌正品鞋。被告系在纯色鞋子侧面添附“”图案，并未对鞋子本身重要功能性部位或者原告回力公司注册商标进行覆盖、涂抹，没有实质性影响鞋子品质，故适用商标权权利用尽原则。

（二）是否造成消费者混淆、误认

商标法将混淆可能性作为商标侵权一般性的独立要求。保护商标与商品之间的正确联系、避免消费者对商品或服务来源产生混淆是传统商标法的立法目的。② 对消费者而言，判定混淆与否以其一般注意力和认知力为标准，综合考量商标标识的显著性、商品改装的相关信息是否充分披露、是否构成商标性使用等因素。司法实践中，生产经营者为了使消费者能够选择自己的商品，会以在商品上加贴商标的方式来吸引消费者认牌购买。而从消费者的角度来看，以自己所认知的商标确保商品的品质并购买到想要的商品也是保障其权益的关键所在，故大多数商标案件中原告都是因商标的来源识别功能受影响而起诉。在被诉侵权产品为正品的情况下，本案被告王某宇在店铺和商品链接名称中标注“回力”字样，消费者从店铺名称和商品链接名称中可以知晓该商品虽是商家二次创作后的商品，但仍来源于原告回力公司，鞋盒上、鞋跟后标有

① 参见广东省广州市中级人民法院（2012）穗中法知民初字第54号民事判决书。
② 参见王迁：《知识产权法教程》，中国人民大学出版社2014年版，第376页。

“回力”字样，鞋舌外侧、鞋身内侧及合格证上标有“ ”标识，鞋盒、合格证及鞋垫底部均标有“上海回力鞋业有限公司”字样，商标与商品之间的对应关系未被割裂，案涉商标区分商品来源的功能并未受干扰，消费者依旧可以通过商品上的标识判断产品来源于商标权人或授权许可人，不会对商品的来源产生混淆、误认。

（三）是否妨害了商标功能的实现

商标功能，是指商标在商品生产、交换或提供服务的过程中所具有的价值和发挥的作用。[①] 在明确商品来源的基础上，消费者又对生产商提出了对使用相同商标的商品保持固定品质的要求，故商标还衍生出品质保障、广告宣传、信誉承载等功能。“不二家”糖果案[②]表明了商标功能在判定商标侵权中的独立作用。该案中，法院以商标功能为出发点对改装商品包装再售行为进行判定，认为被告损害“不二家”商标的品质保证功能和信誉承载功能，从而构成商标侵权。当商品通过合法途径进入流通领域后，如果他人使商品再次流转的行为并未破坏原有商标功能的发挥，就没有必要被禁止。本案中，被告王某宇从正规渠道进货，在正品鞋光面处添附图案后销售，在主观上并没有显著的侵权恶意，而是根据消费者的喜好提供美化服务，客观上未改变鞋品的质量，未降低消费者对商标权人商品的预期，并不会导致“回力”品牌价值在消费者心目中被贬损或产生其他负面影响进而损害其商誉，故没有妨害商标功能的实现。

---

① 参见王莲峰：《商标法学》，北京大学出版社2007年版，第17页。

② 参见浙江省杭州市余杭区人民法院（2015）杭余知初字第416号民事判决书。

二、正品商品上添附图案是否构成不正当竞争

（一）互联网情境下竞争关系的认定

严格地说，反不正当竞争法并非权利保护法，并不侧重维护某种主体的特定权利，而是为了维护市场竞争秩序及确保构建公平、遵从诚信原则和公认商业道德的竞争秩序，即作为行为规制法保障竞争者之间的正当竞争、捍卫整体的市场竞争秩序及更宽泛意义上的社会整体利益。随着互联网行业的出现和蓬勃发展，出现了不同于传统经济模式的双边市场。不管是否同业经营，经营者的经营成本、经营方式、交易机会等都将影响经营者在整个市场上的竞争能力，因此，竞争既可能发生在同业经营者中，也可能发生在非同业经营者中。而如果经营者以不正当的方式与竞争对手或其他经营者直接或间接地争夺交易机会，损害竞争对手或其他经营者的合法权利，破坏正当的竞争秩序，就构成不正当竞争。本案中，被告王某宇的行为虽然并非针对原告，但其行为导致相关领域的消费者对其宣传销售商品的生产者产生误解，进而造成同行业其他经营者在相关市场上公平、平等的竞争机会受到损害，足以构成不正当竞争同业竞争经营者的认定条件。

（二）构成不正当竞争的混淆行为认定

虽然添附图案不一定会让消费者对商品来源产生混淆、误认，但是如果通过其他方式变更经营模式，可能会产生混淆行为故而认定构成不正当竞争。反不正当竞争法第六条规定了产生混淆的不正当竞争行为。例如，使用他人具有一定影响的包装装潢、企业名称等，特别是在网络购物环境下，消费者大多数首先注意的是店铺的名称，而非店铺经营者的企业字号，在此情形下，店铺名称起到了类似企业字号的作用。本案中，原告回力公司享有“回力”字号权益时间从其公司成立之时起算，

且“回力”二字亦已核准为注册商标，结合原告提供的荣誉证书等证据可以认定原告的“回力”字号是具有一定影响的企业名称，原告回力公司有权制止他人擅自将“回力”作为对外营业的主体名称进行使用。现被告王某宇将其网络店铺命名为“某工作室回力爆改鞋”，易使相关公众误认为案涉网络店铺系原告回力公司经营或与原告回力公司存在授权许可关系，构成混淆行为。

（三）构成虚假宣传的行为认定

反不正当竞争法第八条第一款规定：“经营者不得对其商品的性能、功能、质量、销售状况、用户评价、曾获荣誉等作虚假或者引人误解的商业宣传，欺骗、误导消费者。”但若虚假宣传行为未针对特定的经营者而被诉，是否因不存在对原告的“直接损害”而无法得到司法支持存在一定争议。有观点认为，泛主体虚假宣传纠纷，被告宣传内容与原告存在关联，但对原告无直接损害，不构成虚假宣传。但笔者认为，在某饮料企业诉加某宝案中，最高人民法院已明确了“从反不正当竞争法规制虚假宣传的目的看，其并不以被侵权人的直接损害为要件判断虚假宣传行为是否成立”，虚假宣传的核心仍在于虚假、引人误解的商业宣传行为。本案中，被告王某宇在商品链接名称中使用“回力……联名”等字样，属于对其所销售商品属性描述的商业宣传方式。原告回力公司生产的“回力”鞋不存在与他人联名情形，而被告王某宇自行将图案添附在鞋子侧面，并擅自虚构其售卖的“回力”鞋系与他人品牌图案联名的款式，以消费者的一般注意，会产生相关链接项下所售商品均与“回力”鞋具有相对应关联的混淆，易导致相关公众对商品来源产生误解，使得被告王某宇从中获得竞争优势。具言之，在互联网市场环境下，“回力”鞋消费者容易将“回力”作为搜索关键词选购鞋品，王某宇的行为客观上会导致原本打算购买普通款式“回力”鞋品的消费者转而购买该链接项下的“回力”鞋，从而使该款鞋品获取更多的交易机会，因而王某宇的行为属于虚假宣传。

三、本案被告是否需承担赔偿责任

反不正当竞争法所规制的不正当竞争行为，是指损害其他经营者合法权益、扰乱经济秩序的行为，但并不要求经营者之间必须具有直接的或具体的竞争关系，只要被诉不正当竞争行为是特定的、具体的，且被诉行为具有“损人利己的可能性”，该行为即具有损害其他经营者利益的可能性，任何可能受损害的不特定经营者原则上都可以主张权利。当然，该种竞争关系并未对权利主体造成实质损害结果的，则行为人可能不用承担赔偿责任。本案中，原告回力公司生产、销售并授权其他经销商销售“回力”鞋，而被告王某宇通过虚假宣传提升自身竞争优势，进而获得更多的交易机会。虽然该种机会不一定对原告的权益产生直接影响，但会造成原告经销商的销售量减少，亦会损害原告的合法权益，故法院认为，被告王某宇仍应对其虚假宣传的不正当竞争行为承担赔偿责任。当然，这种虚假宣传对原告造成的损害后果可能较为微弱。综上所述，鉴于原告回力公司因侵权所受到的实际损失和被告王某宇因侵权所获得的利益均难以确定，综合考虑原告回力公司“回力”字号及品牌知名度，被告王某宇侵犯字号和虚假宣传两种不正当竞争行为的性质、持续时间、影响范围、主观过错，以及原告合理维权费用等因素，酌情确定被告赔偿原告经济损失及合理维权费用共计3万元。

品牌联名旨在使不同品牌的标识元素、设计理念、审美态度乃至商品特性碰撞、融合，从而诞生更具创造力与营销性的商品，但也会面临与商标相关的法律风险。本案通过对商标侵权及不正当竞争的构成要件考量，评析虚假品牌联名构成侵权的认定因素，以期为同案处理提供样本。

《商事法律文件解读》
2024 年总目录

党内规范性文件

法律、法律性文件与解读

行政法规、法规性文件与解读

司法解释、司法指导性文件与解读

部门规章、规章性文件与解读

地方性法规、地方政府规章与解读

地方司法业务文件与解读

地方规范性文件与解读

指导案例、典型案例与解读

法答网精选答问

司法实务问题研究

新类型疑难案例选评

最新立法、司法动态

最新法律文件解读丛书

稿　　约

最新法律文件解读丛书是一套以为最新法律规范提供同步"解读"为主的系列丛书，分为刑事、民事、商事、行政与执行4个分册，按月出版。

本丛书以"解读"为重点，突出全、专、新、快、准等特点，通过对最新出台的法律、法规、司法解释、部门规章以及重要地方性法规进行同步动态解读，弥补了法律、法规、司法解释汇编类出版物没有同步阐释、解读内容的不足，为广大读者学习理解最新法律规范，正确贯彻执行法律文件，及时解决实践中的新情况、新问题，提供一个全方位、多层面的法律信息平台。

欢迎您向以下栏目赐稿：

【最新法律文件解读】主要是对最新颁行的法律文件进行解读，帮助司法和执法人员正确理解法律文件的立法背景、意义、重点内容、在适用中应注意的问题、与相关法律文件的衔接与互动关系等。

【司法实务问题研究】主要刊登对司法理论、实务及司法管理工作中的热点、疑难问题进行研究及评论的文章。

【新类型疑难案例选评】主要是对司法和行政执法实践中具有典型性和代表性的疑难案例，结合具体案情以及审理或处理结果进行简练精辟的点评，解析认识问题的方法、处理问题的法律依据和在个案中的具体适用。

【法学前沿与新视点】以摘要的形式刊登相关法学理论研究的最新动态及具有代表性和典型性的前沿问题，扩展法学研究的深度和广度。

【法律适用问题解答】主要针对司法和行政执法实践中面临的新问题、热点问题、疑难问题进行简要的解答，指出涉及的法律关系，明确法律适用依据。

稿件一经刊用即付稿酬，稿酬从优。

《刑事法律文件解读》　　周　敏　邮箱：xingshijiedu@163.com

《民事法律文件解读》　　杨　洁　邮箱：1216921515@qq.com

《商事法律文件解读》　　路建华　邮箱：shangshijiedu@126.com

《行政与执行法律文件解读》　丁寒峨　邮箱：1290312696@qq.com

人民法院出版社

最新法律文件解读丛书编辑部